Marian Moschen

Winterliche
Mini-Motivtorten

Winterliche Motivtörtchen

Wenn die Eichhörnchen Winterruhe halten, Oma vor dem Kamin ein neues Jäckchen strickt, und es selbst dem Eisbären auf seiner Eisscholle zu kalt ist, dann ist der Winter da – für viele die schönste Jahrezeit!
Die einen freuen sich auf die besinnliche Weihnachtszeit, die anderen wandern durch verschneite Winterlandschaften ... und dann gibt es noch die vielen passionierten Zuckerbäcker, Konditoren und Hobby-Tortendesigner. Für sie ist der Winter und die dazugehörige Weihnachtszeit Quell der Inspiration für Torten und Törtchen, bei deren bloßen Anblick der Betrachter ins Schwärmen gerät.
In diesem Buch kommt es jedoch nicht auf die Größe an. Keine fünfstöckigen Wundertorten oder viele Kilo schweren Kunstwerke aus Buttercreme und Marzipan, sondern kleine Motivtörtchen für den Winter und Weihnachten finden sich in diesem Buch. Fünfzehn spannende, kreative und einzigartige Projekte mit kleinen, 10 cm messenden Törtchen als Grundlage. Schritt für Schritt wird beschrieben und erklärt, dass selbst Anfänger tolle Ergebnisse erzielen werden – aber auch echte Profis auf ihre Kosten kommen. Ergänzt durch einfach, aber effektvoll zu dekorierende Cookies und Cupcakes, kann aus jedem Nachmittagskaffee ein echtes Highlight gemacht werden.
Doch genug der vielen Worte. Schnell die eingehenden Kapitel studieren, die das gesamte Grundwissen über die benötigten Materialien, Cremes, Kuchen, Techniken und Werkzeuge vermitteln, und dann gleich der Kreativität freien Lauf lassen.

Viel Spaß beim Backen, Kreieren, Designen und natürlich Essen!
Und vor allen Dingen viel Freude mit diesem neuen Motivtortenbuch!

Marian Moschen
Tortendesigner und Blogger aus Leidenschaft

Inhalt

Grundlagen

Rührteig

Rührteig gehört zusammen mit Biskuitteig zu den vielfältigsten Teigen. Bei der Zubereitung geht selten etwas schief. Rührteigkuchen eignen sich sehr gut für alle Motivtorten, die zugeschnitten werden müssen.

Grundrezept

- 200 g weiche Butter oder Margarine, plus etwas mehr für die Form
- 200 g Zucker
- 1 Pck. Vanillezucker
- 1 Prise Salz
- 4 Eier
- 350 g Mehl, plus etwas mehrfür die Form
- 1 Pck. Backpulver
- ca. 75 ml Milch (bei Bedarf)

1. Den Backofen auf 200 °C vorheizen. Eine Springform einfetten und mit Mehl bestäuben.

2. Butter oder Margarine in Stücke schneiden und mit Zucker, Vanillezucker und Salz in eine Rührschüssel geben. Mit den Rührbesen des Handmixers weiß-schaumig schlagen.

3. Die Eier einzeln unterrühren. Damit die Masse nicht gerinnt, jedes Ei vollständig mit der Masse verrühren, bevor ein neues dazugegeben wird.

4. Mehl und Backpulver vermischen, sieben und mit einem Rührlöffel portionsweise unter den Teig mischen. Der Teig hat die richtige Konsistenz, wenn er in schweren Tropfen vom Löffel fällt. Solange er zäh ist, esslöffelweise Milch unterrühren. Wenn das ganze Mehl im Teig ist, nicht mehr lange rühren, weil der Teig sonst unregelmäßig werden kann.

5. Den Teig sofort in die Form geben und die Oberfläche gleichmäßig verstreichen. Die Form sollte etwa zu zwei Dritteln gefüllt sein. Im vorgeheizten Backofen ca. 60 Minuten backen. Dann kurz abkühlen lassen, auf ein Kuchengitter stürzen und vollständig erkalten lassen.

Tipps:

- Bevor es losgeht, alle Zutaten abwiegen, abmessen und bereitstellen, damit sie etwa die gleiche Temperatur haben und zügig verarbeitet werden können.

• Wird die Oberfläche des Kuchens zu schnell braun, den Kuchen entweder mit Backpapier abdecken oder eine Einschubebene tiefer stellen.
• Kurz vor dem Ende der Backzeit eine Garprobe machen: Dazu ein Holzstäbchen senkrecht in die Kuchenmitte stecken und wieder herausziehen. Bleibt Teig daran kleben, ist der Kuchen noch nicht fertig.
• Den fertig gebackenen Kuchen ca. 10 Minuten in der Form ruhen lassen, dann auf ein Kuchengitter stürzen.
• Der Rührteig kann mit 2–3 EL Kakao, Haselnusscreme oder Erdnussbutter aromatisiert werden.

Biskuitteig

Wie der Mürbteig zählt Biskuit zu den sogenannten Massen. Er ist vielseitig einsetzbar, leicht zuzubereiten und im Gegensatz zu einem Rührteig fettarm und somit deutlich kalorienärmer. Die Grundzutaten für einen Biskuitteig sind Eier, Zucker und Mehl, das oft mit Speisestärke gemischt wird. Die lockere und luftige Konsistenz des Biskuits macht ihn etwas schwieriger für den Fondantüberzug vorzubereiten. Deshalb empfiehlt es sich, den Kuchen am Vortag zu backen, sodass er sich etwas setzen kann.

Grundrezept

• 5 Eier
• 150 g Zucker
• 1 cl Rum
• 150 g Mehl
• Fett für die Form

1. Den Backofen auf 180 °C vorheizen. Den Boden der Springform fetten und mit Backpapier auslegen.

2. Die Eier trennen. Das Eiweiß mit den Rührbesen des Handmixers schlagen, bis es Fülle bekommt. Dann unter ständigem Mixen 100 g Zucker einrieseln lassen. Die Masse sehr steif und cremig schlagen, bis die Oberfläche seidig matt ist.

3. Den restlichen Zucker zum Eigelb geben und mit den Rührbesen des Handmixers so lange rühren, bis eine dicke, fast weiße Creme entstanden ist. Zuletzt den Rum unterrühren.

4. Das Mehl über den Eischnee sieben und die Eigelbmasse daraufgeben. Alles vorsichtig von Hand mit einem Holzlöffel oder Schneebesen unterheben, bis sich alles vermischt hat.

5. Den Teig in die Springform füllen und die Oberfläche mit einer Teigkarte glatt streichen. Den Biskuit sofort nach der Zubereitung im vorgeheizten Backofen 25–40 Minuten bzw. nach Angaben im Rezept backen. Nach dem Backen den Boden mit einem Messer vom Rand lösen, den Kuchen auf ein Kuchengitter stürzen und vor der Weiterverarbeitung mindestens 2 Stunden, besser über Nacht, ruhen lassen.

Cupcake-Teig

Grundrezept
- 165 g Butter
- 1 TL Vanillezucker
- 165 g Puderzucker
- 3 Eier (Gr. L)
- 165 g Mehl
- 1 gestr. TL Backpulver

1. Butter, Vanillezucker und Puderzucker schaumig schlagen, die Eier einzeln dazugeben und so lange mixen, bis sich alles zu einer homogenen Masse verbunden hat. Mehl und Backpulver mischen und zur Buttermasse geben.

2. Nochmals mixen bis alles vermengt ist. Den fertigen Teig auf 12 Muffinförmchen aufteilen und bei 175 °C 25 Minuten backen.

Cookie-Teig

Grundrezept
- 200 g weiche Butter
- 85 g Puderzucker
- 10 g Vanillezucker
- 1 Ei (Gr. M)
- 300 g Mehl

1. Butter, Puderzucker, Vanillezucker und das Ei zusammen mixen, bis sich alles miteinander verbunden hat. Das Mehl dazugeben und nur so lange verkneten, bis eine homogene Masse entstanden ist.

2. Für die Cookies den Teig ca. 5 mm dick ausrollen und je nach Cookieanleitung ausstechen. Die Cookies bei 170 °C goldgelb backen. Größere Kekse mit einer Nadel einige Male einstechen, damit sie flach bleiben.

Die verschiedenen Modelliermassen

Um aus einem einfachen Kuchen ein echtes Kunstwerk aus Fondant, Marzipan und Blütenpaste zu machen, gilt es vor allem zu wissen, welches Material sich für welche Figuren, Formen und Details eignet. Denn Fondant ist nicht Fondant, und Marzipan und Blütenpaste können nur für bestimmte Zwecke eingesetzt werden. Man unterscheidet grundsätzlich die folgenden vier Modelliermassen:

Rollfondant

Rollfondant, auch Einschlagmasse genannt, ist der gängigste Fondant und wird überwiegend zum Eindecken von Torten verwendet. Er ist schneeweiß, verhältnismäßig geschmacksneutral und lässt sich sehr gut mit Lebensmittelfarbpaste färben. Er trocknet relativ langsam und härtet nie vollständig aus. Alle Torten in diesem Buch sind mit Rollfondant (im Buch kurz als „Fondant" bezeichnet) eingedeckt.

Modellierfondant

Modellierfondant ähnelt dem Rollfondant, hat jedoch eine festere Konsistenz und trocknet schneller, weil er das als unbedenklich geltende Verdickungsmittel CMC (Carboxymethylcellulose; E 466) enthält. Seine Eigenschaft, die Form zu behalten, macht ihn ideal zum Modellieren von Figuren, Fahrzeugen usw. Die Oberfläche von Modellierfondant wird sehr glatt.

Blütenpaste

Blütenpaste ist sehr fest und deshalb relativ schwer zu formen. Ihre Stabilität ermöglicht jedoch das Modellieren von feinen Details wie Blüten sowie allen Teilen, die in Form bleiben müssen. Die Schwierigkeit im Umgang mit Blütenpaste liegt darin, dass das Material binnen weniger Minuten komplett trocknet und dann beim Formen bricht.

Modelliermarzipan

Modelliermarzipan, auch Dekormarzipan genannt, ist die unkomplizierteste Modelliermasse. Es ist leicht zu färben, einfach zu modellieren, formstabil und trocknet sehr langsam. Außerdem schmeckt es gut. Der Nachteil liegt in der durch die Mandeln bedingten eher groben Konsistenz, weshalb Modelliermarzipan nur für nicht allzu detailreiche Figuren und Formen verwendbar ist. Modelliermarzipan ist unbedingt von Rohmarzipan zu unterschieden. Es ist mit Glukose statt Puderzucker angewirkt und dadurch deutlich fester als das zum Modellieren ungeeignete Rohmarzipan.

Färbe- und Hilfsmittel

Bei der Motivtortenherstellung gibt es drei Hilfsmittel, die so gut wie unverzichtbar sind und die man immer bereithalten sollte: Lebensmittelfarbpasten zum Einfärben der Zuckermassen, Pflanzenfett und Fondantkleber.

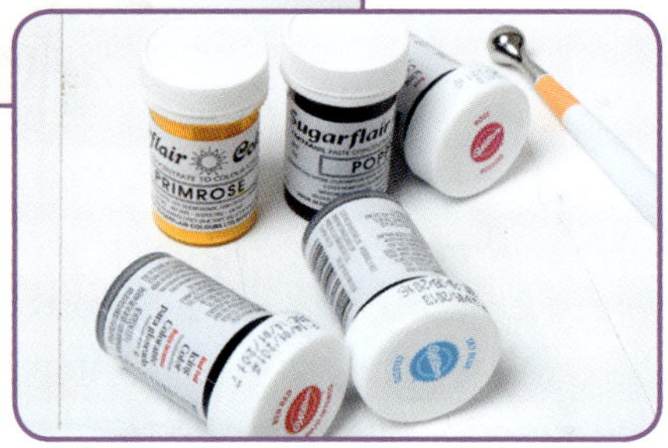

Lebensmittelfarbpasten

Lebensmittelfarbpasten sind hoch konzentrierte und gesundheitlich unbedenkliche Farben zum Kolorieren von Lebensmitteln; man erhält sie in Fachgeschäften und im Onlinehandel. Da diese Pasten kaum Wasser enthalten, sind sie die einzigen Lebensmittelfarben, die Fondant nicht erweichen und auflösen. Es gibt eine breite Palette verschiedener Farbtöne, die Farbpasten lassen sich darüber hinaus untereinander mischen. Alle Torten in diesem Buch wurden mit Lebensmittelfarbpasten gefärbt.

Pflanzenfett

Gehärtetes Pflanzenfett ist in jedem Supermarkt zu bekommen und wird eigentlich zum Frittieren und Kochen verwendet. Im Umgang mit Fondant benutzt man es bei zwei Problemen: Ist Rollfondant zu trocken und wird spröde, knetet man einfach ein bisschen Pflanzenfett unter und schon ist er wieder geschmeidig. Außerdem hilft das Fett zusammen mit etwas Wachspapier beim Übertragen von Details auf eine Torte, ohne dass sich diese verformen bzw. verziehen.

Fondantkleber

Um Fondant zu kleben, verwendet man am besten etwas Fondantkleber. Dieser kann fertig im Tortenfachgeschäft gekauft werden, er lässt sich jedoch auch ganz einfach selbst herstellen. Man kocht 100 ml Wasser auf, vermischt es mit einem Teelöffel des Verdickungsmittels CMC (Carboxymethylcellulose; E 466) und lässt die Flüssigkeit etwas stehen. Im Kühlschrank hält sich der farblose Kleber einige Tage.

Modelliermassen kaufen oder selbst zubereiten?

Grundsätzlich ist es zwar aufwendig, aber nicht allzu schwierig, Fondant und Marzipan selbst herzustellen. Es gibt jedoch zwei Gründe, die dagegensprechen. Zum einen sind die selbst gemachten Massen kaum günstiger als die fertig gekauften, zum anderen variieren sie in ihrer Konsistenz, was es gerade für Anfänger schwer macht, wirklich schöne Ergebnisse beim Gestalten zu erzielen. Aus diesen Gründen werden in diesem Buch Fondant und Modelliermarzipan von bekannten Markenherstellern verwendet.

Werkzeuge zum Modellieren und Verzieren

Damit die eigenen Motivtorten perfekt gelingen, sollte man sich zumindest einen kleinen Fundus an speziellen Werkzeugen zulegen. Nur dann macht die Herstellung richtig Spaß, denn man kann seinen Kreationen die nötigen Details hinzufügen, die aus einem „netten Kuchen" ein Tortenkunstwerk machen. Die hier abgebildeten Werkzeuge sollten als Grundausstattung vorhanden sein. Man erhält sie in Fachgeschäften oder Abteilungen für Küchenzubehör sowie in Onlineshops; häufig werden Sets für Einsteiger und Profis zu einem günstigeren Preis angeboten. Wachspapier gibt es in Bastelläden. Die Funktionen und Verwendungszwecke der einzelnen Modellier- und Verzierwerkzeuge werden in den jeweiligen Rezepten genannt.

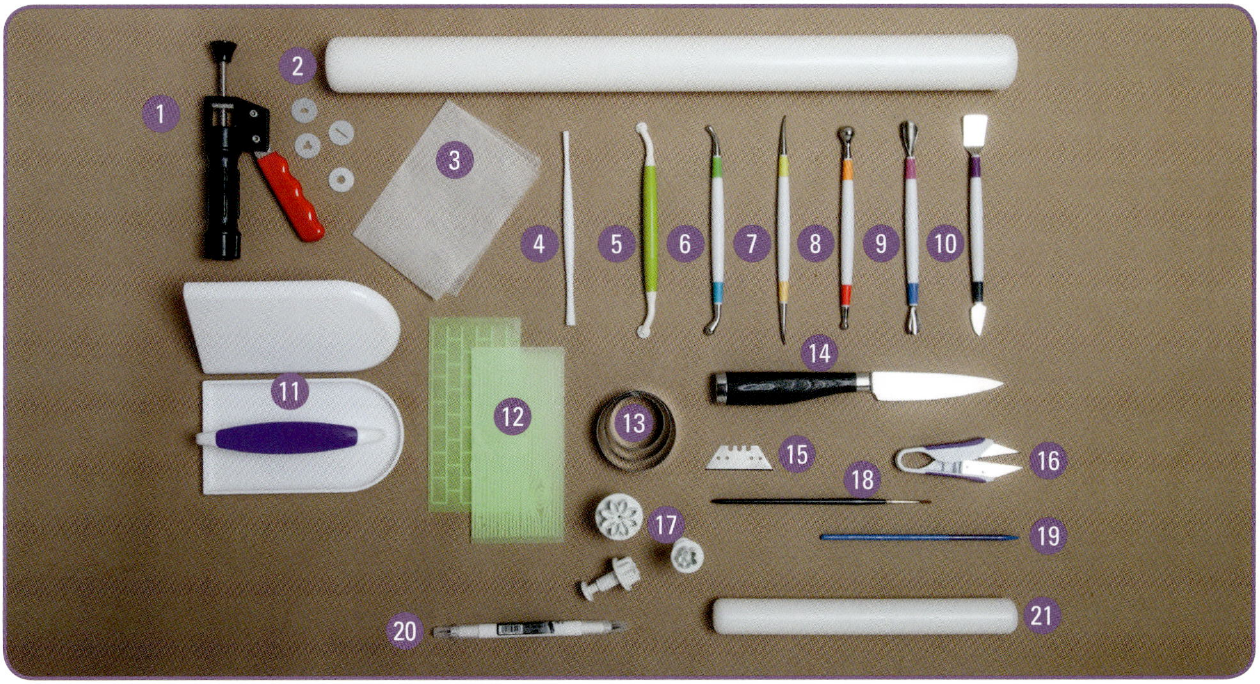

1 Fondantpresse mit Lochmasken
2 großer Rollstab
3 Wachspapier
4 Straw Tool
5 Nahttool
6 Dogbone Tool
7 Pick Tool
8 Ball Tool
9 Smile Tool
10 Schneide-Hebe-Tool
11 Fondantglätter
12 Strukturmatten
13 runde Ausstecher
14 scharfes Messer
15 Stanley-Klinge
16 kleine Schere
17 Ausstecher für Blumen und Schmetterlinge
18 Pinsel
19 Modellierstab
20 Lebensmittelfarbstift
21 kleiner Rollstab

Eine Torte fürs Eindecken vorbereiten

So toll man mit Rollfondant auch arbeiten kann, das Material hat einen großen Nachteil: Es verzeiht keine Fehler. Unebenheiten sind nur schwer auszugleichen, also gilt es, sie von vornherein zu vermeiden. Das gelingt, wenn man die Torte vor dem Eindecken mit Buttercreme oder Ganache bestreicht.

Wie viel Buttercreme bzw. Ganache wird benötigt?

Beim ersten Überziehen einer Torte mit Buttercreme oder Ganache wird so mancher feststellen, dass man eine deutlich größere Menge braucht als erwartet. Unsere Empfehlungen für die einzelnen Tortengrößen:
Ø 20 cm: 1 kg
Ø 25 cm: 1,5 kg
Ø 27 cm: 1,8 kg

Grundsätzlich gilt: Lieber etwas mehr machen, als nicht genug zu haben. Buttercreme ist allerdings deutlich empfindlicher als Ganache, gekühlt hält sie sich 2–3 Tage. Überschüssige Ganache dagegen hält sich im Kühlschrank einige Tage; man kann sie für andere Kuchen als Füllung verwenden oder in einen Teig rühren.

Buttercreme

Es gibt zahlreiche Variationen vonButtercreme. In diesem Buch wird die Buttercreme stets um Pudding ergänzt, denn er gibt der Creme Geschmeidigkeit, etwas mehr Stabilität bei wärmeren Temperaturen und mindert den Fettgehalt drastisch.

Rezept Buttercreme (1 kg)

- 400 ml Milch
- 1 Pck. Vanillepuddingpulver
- 300 g zimmerwarme Butter
- 300 g Puderzucker
- 100 g geschmolzene Schokolade oder Fruchtpüree (nach Belieben)

1. Aus Milch und Vanillepuddingpulver einen etwas festeren Pudding kochen. Den fertigen Pudding noch heiß sofort mit Frischhaltefolie abdecken und auskühlen lassen.

2. Die Butter zusammen mit dem Puderzucker ca. 10 Minuten aufschlagen, bis sie weiß-schaumig ist.

3. Den erkalteten Pudding mit einem Handmixer cremig rühren und anschließend löffelweise unter die Buttermasse rühren.

4. Nach Belieben mit Schokolade oder Fruchtpüree verfeinern.

Ganache

Eine klassische Ganache ist eine Creme aus Kuvertüre und Sahne, die zum Einstreichen und Füllen von Torten verwendet wird. Erkaltet ist sie relativ stabil, was sie zu einer idealen Unterlage für einen Rollfondantüberzug macht. Sie wird ebenso aufgetragen wie die Buttercreme (s. S. 12).

Rezept Ganache

Zur Herstellung von Ganache benötigt man nur Kuvertüre und Sahne (mindestens 36 % Fettgehalt), die Menge richtet sich nach der Größe der Torte (s. S. 12). Wichtig ist, sich exakt an das richtige Mengenverhältnis zwischen Kuvertüre und Sahne zu halten, das je nach verwendeter Schokolade variiert.

Zartbitter-Kuvertüre 2:1
z. B. 1000 g Kuvertüre, 500 g Sahne
Vollmilch-Kuvertüre 3:1
z. B. 1000 g Kuvertüre, 300 g Sahne
weiße Kuvertüre 3:1
z. B. 1000 g Kuvertüre, 300 g Sahne

1. Die gewünschte Menge Schokolade reiben oder fein hacken und in eine Schüssel geben.

2. Die Sahne erhitzen, aber nicht kochen lassen, sondern kurz vor dem Kochen vom Herd nehmen.

3. Die Schokolade mit der Sahne übergießen und 2–3 Minuten schmelzen lassen.

4. Mit einem Schneebesen ganz vorsichtig, ohne viel Luft darunterzuheben, so lange rühren, bis sich Sahne und Schokolade verbunden haben. Die Masse sollte eine ähnliche Konsistenz wie Haselnusscreme haben.

5. Die fertige Ganache vor der Verwendung mindestens 5 Stunden an einem kühlen, aber nicht kalten Ort stehen lassen, damit sie sich setzen kann. Bei Zimmertemperatur dauert es etwas länger.

Ein Törtchen mit Buttercreme einstreichen

1 Einen Kuchen nach dem Grundrezept (S. 7) backen und auskühlen lassen. Mit einem 10 cm großen Dessertring 3–4 Kuchenböden pro Törtchen ausstechen.

2 Die Tortenböden auf ein Cakeboard legen, das etwas größer ist als der Kuchen. Alle Brösel sorgfältig entfernen, damit sie nicht in die Creme geraten.

3 Buttercreme nach dem Grundrezept auf S. 12 zubereiten. Den ersten Tortenboden dünn mit Creme einstreichen.

4 Einen weiteren Tortenboden auf den ersten stapeln und einstreichen, dann den dritten und letzten darauflegen und leicht andrücken.

5 Das Törtchen rundherum und an der Oberseite mit Creme einstreichen. Für eine besonders glatte Oberfläche des Törtchens die überschüssige Buttercreme dem Cakeboard entlang mit einer Teigkarte mit gerader Kante abziehen. Falls noch Unregelmäßigkeiten vorhanden sind, dort nochmals großzügig Creme auftragen und abziehen.

6 So sieht das fertige Törtchen aus drei Lagen Kuchen und zwei Schichten Creme angeschnitten aus. Damit das Törtchen stabil genug für den Fondantüberzug ist, muss man es vorher mindestens 30 Minuten, besser 1–2 Stunden, kühlen.

Eine Torte mit Rollfondant eindecken

Das Eindecken einer Motivtorte mit Rollfondant ist gar nicht mehr so schwer, wenn man den Kuchen zuvor gleichmäßig mit Buttercreme oder Ganache überzogen hat. Vor allem drei Dinge muss man aber über die Masse noch wissen, ehe man loslegen und erste Erfolge erzielen kann.
Fondant darf niemals mit Flüssigkeiten (z. B. Wasser, Milch oder Sahne), Gelatine oder stark wasserhaltigen Cremes in Berührung kommen, sonst löst er sich auf und zerrinnt.
Fondant, der gerade nicht in Gebrauch ist, muss unbedingt in einer Plastiktüte oder in Frischhaltefolie gelagert werden. Bei längerer Lagerung sollte man ihn zusätzlich in einen luftdichten Behälter geben.
Kuchen und Torten sollten grundsätzlich nicht in der prallen Sonne stehen, Fondant ist diesbezüglich aber besonders empfindlich. Mit Fondant überzogene Torten oder Figuren aus Fondant bleichen in der Sonne schnell aus, sodass aus einem kräftigen Rot ein blasses Rosa werden kann, ehe man sich versieht.

Wie viel Rollfondant wird zum Eindecken benötigt und wie groß muss die Platte sein?
Für eine 10 cm hohe Torte benötigt man etwa folgende Menge Fondant:
Ø 10 cm: 500 g • Ø 20 cm: 1 kg • Ø 25 cm: 1,5 kg

1 Eine Torte nach einem Grundrezept nach Wunsch vorbereiten und mit Ganache oder Buttercreme einstreichen. Eine entsprechende Menge Fondant nach Belieben färben und kneten, bis er geschmeidig ist. Sollte der Fondant zu trocken und rissig sein, einfach etwas Pflanzenfett unterkneten – aber nicht zu viel, damit er nicht klebrig wird.

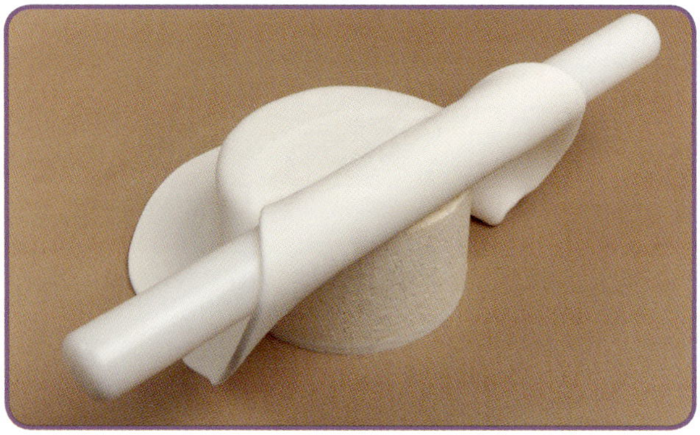

2 Den Fondant mit einem Rollstab ca. 3–5 mm dick und sehr gleichmäßig ausrollen. Mit einem Lineal oder der Hand ausmessen, ob die Fläche ausreicht, um die gesamte Torte einzudecken (s. Abb.). Den ausgerollten Fondant über den Ausrollstab wickeln und über der Torte wieder abwickeln; dabei darauf achten, dass er nicht einreißt.

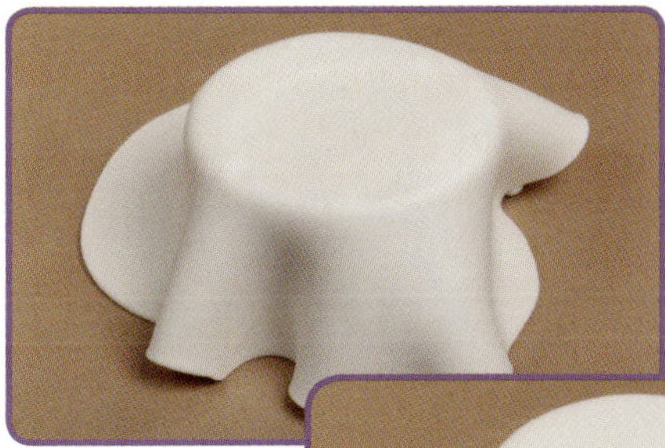

3 Mit dem Handballen vorsichtig die Luft unter dem Fondant nach außen streichen. Dann vorsichtig den Fondant von oben nach unten an die Torte drücken. An Stellen, an denen der Fondant Wellen schlägt, den Fondant nochmal auseinander und etwas nach außen ziehen.

4 Liegt der Fondant rundherum gleichmäßig an der Torte an, mit einem scharfen Messer die überschüssige Masse abschneiden und diese wieder gut verpacken, damit sie nicht eintrocknet.

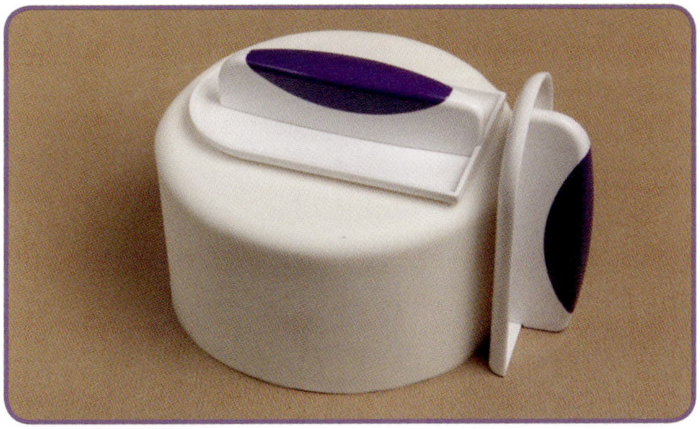

5 Mit zwei Fondantglättern zuerst die Oberseite des Kuchens durch kreisförmige Bewegungen glätten, dann die Seiten. Das geht besonders einfach, wenn man die Torte auf eine drehbare Tortenplatte stellt und diese dreht, während man den Fondant rundherum gleichmäßig mit sanftem Druck glatt streicht.

6 Sollte die Kante nicht gleichmäßig sein, mit den Handballen oder Fondantglättern vorsichtig den Rand nachziehen. Anschließend ist die Torte bereit für ein individuelles Design.

Mini-Motivtörtchen

Coffeecuptorte

Benötigte Materialien

100 g Modelliermarzipan
braune Lebensmittelfarbpaste
350 g Fondant
hellblaue Lebensmittelfarbpaste
Ausstecher rund (Ø 10 cm)
1 rundes Törtchen (Ø 10 cm)
30 g Blütenpaste
1 quadratisches Cakeboard
(Kantenlänge 20 cm)

Was gibt es Schöneres, als an einem verschneiten Sonntag Nachmittag eine Tasse Kaffee und ein Stück Kuchen vor dem Kamin zu genießen? Na was wohl? Ein Stück Kaffeetassenkuchen!

1 100 g Marzipan braun und 250 g Fondant zart hellblau färben. Das braune Marzipan ausrollen und einen 10 cm großen Kreis ausstechen.

2 Das Törtchen für die Form einer Kaffeetasse um eine Ebene höher als angegeben stapeln. Den Fondant länglich ausrollen. Das Törtchen abmessen. Der Fondant muss groß genug sein, um in einem Stück um das ganze Törtchen herum zu passen, sowie die ganze Höhe abzudecken bzw. etwa 1 cm darüber hinauszuragen. Das Stück muss exakt rechteckig zugeschnitten sein.

3 Das Törtchen 10 Minuten in den Tiefkühler stellen, damit es besonders stabil wird. Dann den braunen Marzipankreis darauflegen und glätten. Anschließend das Fondantrechteck um das Törtchen herumlegen und vorsichtig andrücken.

4 Die Nahtstelle des Fondants mit dem Handballen leicht verstreichen. Die Naht wird immer leicht sichtbar sein, lässt sich aber recht gut verbinden, damit der Fondant nicht mehr aufgeht. Dann mit einem Fondantglätter die Oberfläche vorsichtig glätten.

5 Für die Kaffeebohnen aus dem zuvor gefärbten, braunen Marzipan etwa erbsengroße Kugeln drehen, diese länglich ausformen und mit einem Messer oder geraden Gegenstand einritzen.

6 So viele Kaffeebohnen aus Marzipan formen, dass später das gesamte Törtchen darauf stehen kann (etwa eine Handvoll).

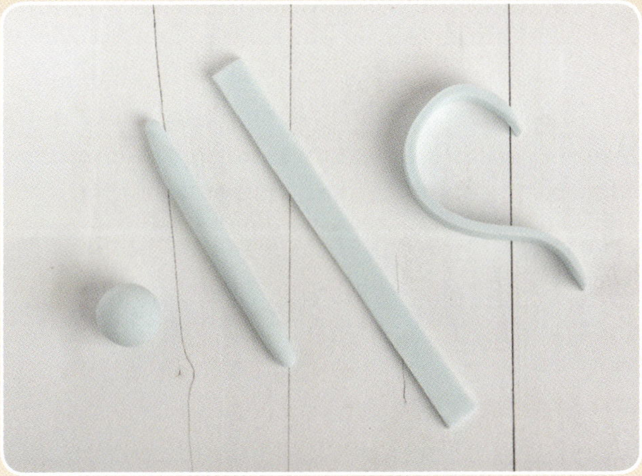

7 Für den Henkel die Blütenpaste in demselben Ton hellblau färben, wie zuvor den Fondant für die Tasse selbst. Daraus eine Kugel formen, diese zu einem länglichen Strang rollen und diesen wiederum möglichst länglich, etwa 2 mm dick, ausrollen. Den Streifen 1 cm breit zuschneiden. Die Kanten sollten so scharf wie möglich sein.
Zuletzt diesen Streifen zu einem Henkel biegen, wie auf dem Bild aufstellen und über Nacht trocknen lassen. Wichtig ist dabei, dass die Enden des Henkels genug Auflagefläche an die Tasse bieten müssen, um später festgeklebt werden zu können.

8 Damit die Tasse später schief stehen kann, von der Nahtstelle ausgehend einen schrägen Schnitt quer durch die Unterseite des Kuchens setzen, wie auf dem Bild zu sehen ist. Zu Beginn recht wenig abschneiden. Der Kuchen lässt sich sehr leicht schneiden und deshalb Schritt für Schritt anpassen. Das Ergebnis sollte wie auf dem Bild aussehen.

❾ Den über Nacht durchgehärteten Henkel mit etwas Fondantkleber an die Tasse kleben.

❿ Aus dem restlichen Marzipan kleine Tropfen formen, indem man eine Marzipankugel stark zuspitzt und dann leicht abbiegt.

⓫ Die Marzipantropfen nach Gefühl so an die Tasse kleben, dass es aussieht, als ob Kaffee aus der Tasse rinnen würde. Wichtig ist es, mit einem großen Tropfen die Nahtstelle zu kaschieren.

⓬ Das Cakeboard herrichten. Etwa 100 g Fondant hellbraun färben und ausrollen. Mit Frischhaltefolie abdecken und darauf einen Stoff mit grober Struktur legen (z. B. Jute). Mit dem Fondantglätter die Stoffstruktur in den Fondant prägen. Die Frischhaltefolie verhindert, dass der Fondant verunreinigt wird.
Den strukturierten Fondant so auf das Cakeboard legen, dass er Wellen und Falten schlägt und so natürlich wirkt. Die überstehenden Ränder trimmen und die Tasse daraufstellen. Kaffeebohnen verteilen und damit eventuell entstandene, unschöne Übergänge kaschieren.

Eichhörnchentorte

Benötigte Materialien

500 g Modelliermarzipan
hellbraune Lebensmittelfarbpaste
dunkelbraune Lebensmittelfarbpaste
Ausstecher rund (Ø 10 cm)
1 rundes Törtchen (Ø 10 cm)
2 cl weißer Alkohol (Wodka, Rum etc.)
1 Cakeboard (Ø 20 cm)
100 g Fondant

Eichhörnchen haben es manchmal schwer. Der Hunger lässt sie auch im Winter nicht los, aber diese Eicheln schmecken so lecker, da nimmt man so manche Anstrengung auf sich … vor allem wenn sie aus Marzipan sind!

1 250 g Marzipan hellbraun und 250 g Marzipan dunkelbraun färben. Das hellbraune Marzipan ausrollen und mit dem runden Ausstecher einen Kreis ausstechen. Das dunkelbraune Marzipan so länglich ausrollen, dass es einmal komplett um das Törtchen passt und dieses von der Höhe her komplett verdeckt.

2 Den hellbraunen Marzipankreis auf das Törtchen legen und mit einem Fondantglätter ebnen. Das dunkelbraune Marzipan einmal grob um das Törtchen wickeln.

3 Das Marzipan gut an das Törtchen andrücken. Es muss dabei nicht eben sein, sondern darf bewusst unterschiedlich dick sein. Das oben überstehende Marzipan abschneiden und mit einem Messer von außen nach innen an der Oberseite tiefe Rillen eindrücken.

4 Mit einem Pick Tool geschwungene Linien von oben nach unten an der Seite des Törtchens in das Marzipan ritzen. Die Linien sollen die Struktur des Holzes imitieren und dürfen daher willkürlich und unterschiedlich breit und tief sein. An der Oberseite nach Gefühl runde Jahresringe einritzen.

5 Etwas von dem dunkelbraunen Marzipan mit der Hand länglich formen und wieder nach Gefühl als Wurzeln an den Baumstamm drücken. Die Ausläufer dürfen etwas nach außen, weg von der Torte, verlaufen.

6 Jeweils etwas hellbraune und dunkelbraune Lebensmittelfarbpaste mit 1 cl weißem Alkohol vermengen, sodass eine hellere und eine dunklere Flüssigkeit zum Malen entstehen. Mit einem Pinsel zuerst mit dunkler Farbe alle Vertiefungen nachmalen.

7 Mit der helleren Farbe die gesamte Oberfläche anmalen. Dieser Arbeitsschritt lässt den Baumstamm sehr realistisch aussehen. Der Alkohol verdunstet und hinterlässt keinen Geschmack oder Geruch.

8 Für den Kopf des Eichhörnchens eine etwa 3 cm große Kugel aus dunkelbraunem Marzipan formen und diese mit den Handballen spitz zulaufen lassen. Aus hellbraunem Marzipan drei kleine Kugeln formen. Eine als Nase an das spitze Ende drücken, die beiden anderen etwas flach drücken, zu Dreiecken formen und ebenfalls an den Kopf drücken. Zuletzt mit einem spitzen Gegenstand zwei Augen eindrücken.

9 Für die Beine eine etwa 3 cm große Kugel rollen und diese wie auf dem Bild mit den Handflächen länglich formen. Dabei sollen die Enden etwas dicker als die Mitte sein. Die Enden flach drücken und um 90° verdrehen. An einem Ende mit einem Messer noch Pfoten formen. Dann den ganzen Strang wie auf dem Bild abbiegen. Dieselben Arbeitsschritte für das zweite Bein wiederholen

10 Für die Arme eine 2 cm kleine Kugel rollen, länglich formen und an einem Ende zusammendrücken. Für die Finger die flache Seite drei Mal einschneiden.

11 Für den Körper eine 5 cm große Kugel aus dunkelbraunem Marzipan formen und diese an einer Seite spitz formen. Für den Bauch und den Kopf aus hellbraunem Marzipan zwei ovale Stücke formen.

12 Das Eichhörnchen aus allen Einzelteilen zusammensetzen: Körper, Kopf, Arme und Beine. Der kleinere der hellbraunen, ovalen Streifen wird auf den Bauch festgedrückt, der größere dient als Schwanz. Dazu die spitze Seite leicht einrollen, sie soll nach hinten zeigen. Den Schwanz dann vorsichtig an den Rücken andrücken.

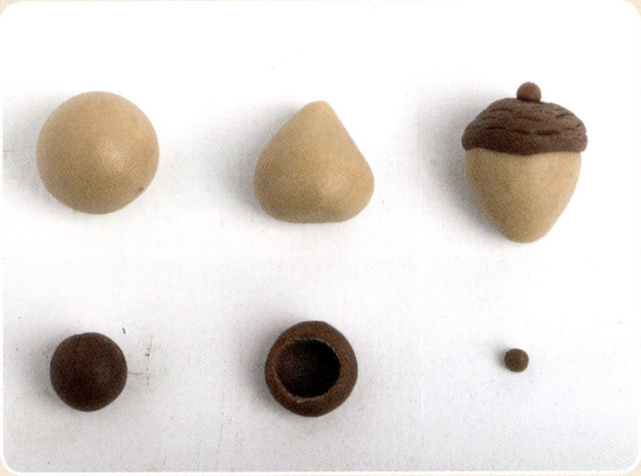

13 Für die Eicheln eine 3 cm große Kugel aus hellbraunem Marzipan spitz zulaufend ausformen. Aus dunkelbraunem Marzipan eine 1 cm kleine Kugel formen und mit einem Ball Tool eine Vertiefung hineindrücken. Die Eichel in die Schale stecken und mit einem ganz kleinen Stück Marzipan einen Stängel formen und andrücken.

14 Das Cakeboard mit dem Fondant überziehen und das Baumstamm-Törtchen daraufstellen. Mit etwas Fondant einige winterliche Akzente auf dem fertigen Baumstamm andeuten. Das Eichhörnchen daraufsetzen und die Eicheln nach Belieben platzieren.

Stricktorte

Benötigte Materialien

450 g Fondant
graue Lebensmittelfarbpaste
1 rundes Törtchen (Ø 10cm)
300 g weiße Blütenpaste
cremefarbene Lebensmittelfarbpaste
1 Cakeboard (Ø 15 cm)
rote Lebensmittelfarbpaste
Silikonform für Knöpfe

Stricken ist Entspannung pur … aber das ist Tortendekorieren auch. Also warum nicht einfach beides miteinander kombinieren und ein Stricktörtchen kreieren, das nicht nur umwerfend aussieht, sondern gleich noch ebenso schmeckt?

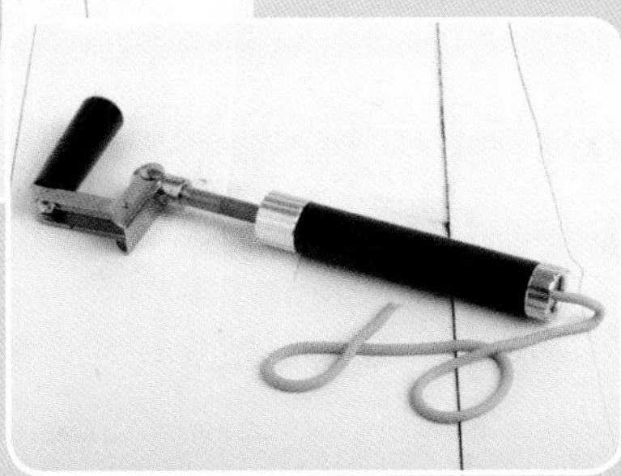

1 250 g Fondant grau färben und damit das Törtchen überziehen.

2 100 g Fondant mit 100 g Blütenpaste verkneten und grau färben. Die so entstandene Masse in eine Fondantpresse füllen und damit etwa 2 mm dicke Stränge pressen.

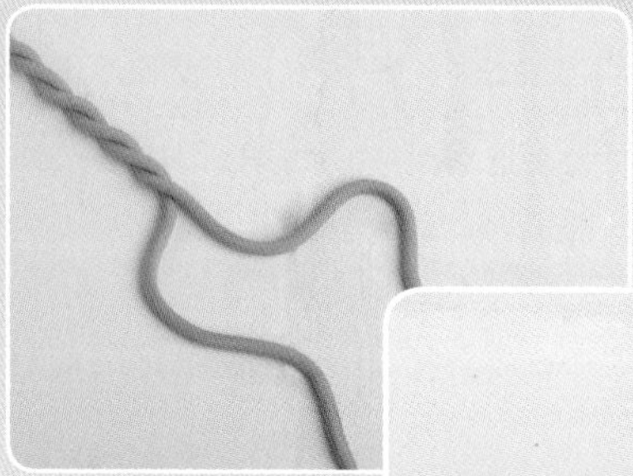

3 Je einen grauen Fondantstrang in der Mitte zusammenlegen und, wie auf dem Bild zu sehen ist, so gleichmäßig wie möglich eindrehen.

4 Für eine möglichst reale „Strickoptik" müssen die nebeneinander liegenden Stränge jeweils in die entgegengesetzte Richtung gedreht werden. Dann können sie ineinander verlaufend nebeneinander gelegt werden.

5 Die zuvor geformten, grauen Stränge mit etwas Fondantkleber auf das mit Fondant überzogene Törtchen kleben. Das Muster durch sanften Druck an der Oberseite zur Mitte hin schmäler auslaufen lassen, damit dieses später genug Platz hat.

6 Das Strickmuster mit den Fondantsträngen um das ganze Törtchen herumformen und aufkleben. Dabei muss die Oberseite zur Mitte hin keinen perfekten Abschluss haben, da diese später noch mit einem Wollknäuel abgedeckt wird.

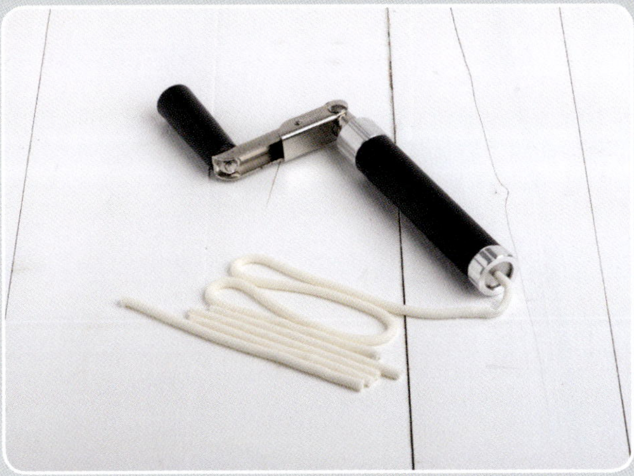

7 Für das Wollknäuel ca. 100 g Fondant mit 100 g Blütenpaste verkneten und mit etwas cremefarbener Lebensmittelfarbpaste vermengen. Daraus mit der Fondantpresse erneut Fäden pressen und diese reihenweise nebeneinander auflegen.

8 Aus etwas Fondant einen etwa 4–5 cm durchmessenden Ball formen und für 10 Minuten antrocknen lassen. Den übrigen, cremefarbenen Fondant luftdicht verpacken. Die zuvor gepressten Stränge mit etwas Fondantkleber mittig quer über den Ball ankleben. Die überstehenden Enden andrücken und abschneiden.
Anmerkung: Der Ball muss nicht rundherum gleichmäßig bedeckt sein, da die Unterseite später nicht sichtbar ist.

9 Aus dem übrigen Fondant weitere Fäden mit der Fondantpresse pressen und mit diesen wie auf dem Bild zu sehen, nebeneinander liegend, die freien Flächen füllen. Enden gegebenenfalls abschneiden.

⑩ Die Fondantpresse ein letztes Mal mit cremefarbenem Fondant füllen und für später beiseitelegen. Mit dem Rest des Fondants das Cakeboard überziehen und das Törtchen mittig daraufstellen. Das cremefarbene „Wollknäuel" mit etwas Fondantkleber in der Mitte auf das Törtchen kleben.

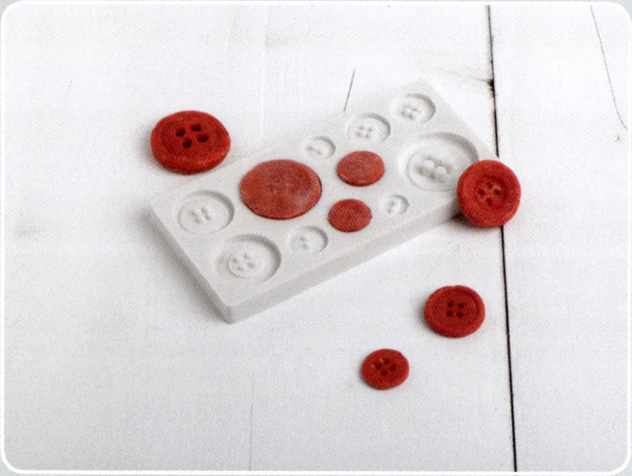

⑪ 100 g Blütenpaste rot färben und in eine mit Bäckerstärke gut ausgepuderte Silikonform für Knöpfe pressen. Die Form mit der Blütenpaste für 5 Minuten in den Tiefkühler geben, damit die Knöpfe stabiler werden, herausnehmen und die Knöpfe aus der Form nehmen.
Die übrige Bäckerstärke mit einem Pinsel abwischen und die Knöpfe etwas trocknen lassen.

⑫ Aus der zuvor gefüllten Fondantpresse einen langen Faden pressen und damit alle unschönen Übergänge zwischen Wollknäuel, Cakeboard und Törtchen abdecken. Dabei einige Schleifen ziehen um der Torte etwas mehr „Leben" zu verleihen. Zuletzt die roten Knöpfe dekorativ platzieren und mit etwas Fondantkleber ankleben.

Cherry-Pie-Torte

Benötigte Materialien

500 g Modelliermarzipan
cremefarbene Lebensmittelfarbpaste
1 rundes Törtchen (Ø 10 cm)
rote Lebensmittelfarbpaste
schwarze Lebensmittelfarbpaste
10 g Fondant
braune Lebensmittelfarbpaste
grüne Lebensmittelfarbpaste
etwas weißer Alkohol (z. B. Wodka oder Rum)

Kirschkuchen … da kann wohl niemand so richtig nein sagen. Aber Kirschen im Winter? Für den Fall, dass selbst das Tiefkühlregal im Supermarkt versagt, hätten wir hier ein Fest für Marzipanfans als würdige Alternative: ein ziemlich marzipanlastiger … Cherry Pie!

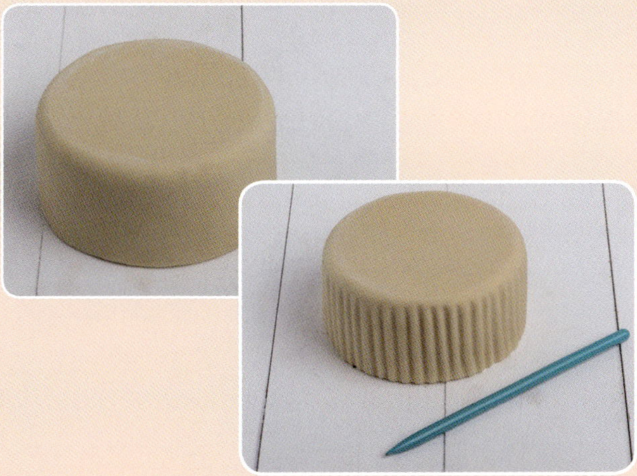

1 300 g Marzipan in der Farbe Creme färben und damit das Törtchen überziehen. Das überschüssige Marzipan rund um das Törtchen abschneiden und für später beiseitelegen.

2 Mit einem runden Stäbchen rund um das Törtchen gleichmäßige Rillen in das Marzipan drücken.

3 150 g Marzipan rot färben. 50 g beiseitelegen und aus 100 g Marzipan etwa 1 cm große Kugeln rollen. Die Kugeln etwa halbrund auf dem Törtchen verteilen.

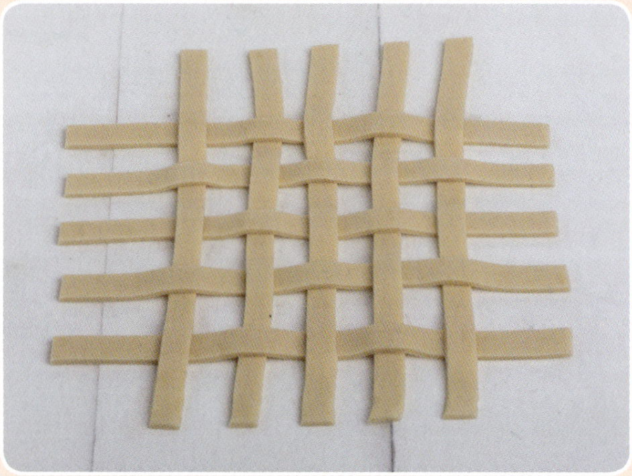

4 Das beim Überziehen übrig gebliebene Marzipan ausrollen und etwa 5 mm breite Streifen daraus schneiden. Die Streifen so übereinander flechten, dass sich die einzelnen Streifen gegeneinander überlappen (siehe Bild).

5 Einen flachen Gegenstand (z. B. ein Blatt Backpapier) unter das Marzipangitter schieben und dieses auf das Törtchen legen. Das Backpapier vorsichtig entfernen. Das Marzipan mit der Hand leicht festdrücken und die Vertiefungen zwischen den Beeren ausstreichen.

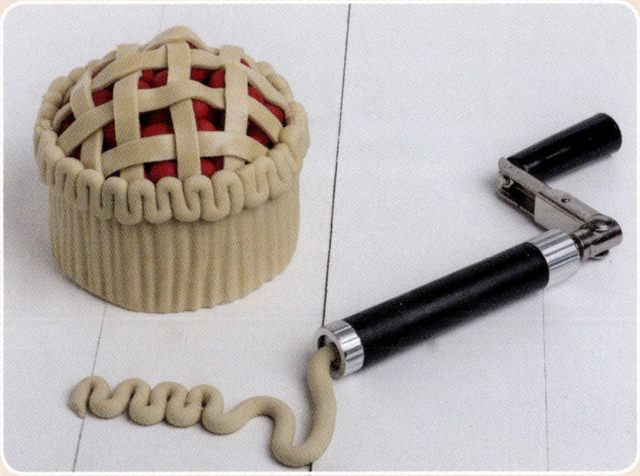

6 Aus dem letzten Rest des cremefarbenen Marzipans mit einer Fondantpresse einen dicken Strang pressen und diesen, wie auf dem Bild zu sehen ist, wellenförmig auflegen. Den so entstandenen Kuchenrand mit etwas Fondantkleber bestreichen und seitlich auf das Törtchen geben.

7 Aus dem Rest des roten Marzipans zwei Kugeln formen. Für den Mund der Kirschen mit dem Smile Tool, wie auf dem Bild zu sehen ist, eine Vertiefung drücken. Für die Augen und an der Oberseite der Kirsche mit einem spitzen Gegenstand je zwei Augen und eine etwas größere Vertiefung ins Marzipan drücken.
Zuletzt etwas Marzipan schwarz färben und daraus zwei kleine Kugeln für die Augen formen und in die Augenhöhlen drücken. Mit etwas weißem Fondant zwei runde Akzente in selbigen setzen.

8 Ein walnussgroßes Stück Marzipan braun färben und daraus zwei braune Stränge formen. Diese in die Kirschen stecken. Für die Blätter etwas Marzipan grün färben und nach Gefühl zu Blättern formen. Mit einem Messer Rillen in die Blätter drücken und letztere an die braunen Stängel drücken.

9 Für einen leicht angebräunten Kuchenlook etwas weißen Alkohol mit brauner Lebensmittelfarbe einfärben und dünn an allen hervorstehenden Stellen aufstreichen. Dieser Schritt muss nicht sein, verleiht dem Kuchen aber einen sehr realistischen Look.

10 Die fertigen Kirschen mit etwas Fondantkleber auf dem Törtchen fixieren.

Whirlpooltorte

Benötigte Materialien

1 Dessertring (Ø 10 cm)
1 Dessertring (Ø 12–13 cm)
650 g Modelliermarzipan
150 g Fondant
hellblaue Lebensmittelfarbpaste
dunkelblaue Lebensmittelfarbpaste
braune Lebensmittelfarbpaste
Holzstrukturrolle
1 Cakeboard (Ø 15 cm)
etwas weißer Alkohol (z. B. Wodka oder Rum)
hautfarbene Lebensmittelfarbpaste
schwarzer Lebensmittelfarbstift
1 Cakepop-Stiel
graue Lebensmittelfarbpaste

Draußen schneit es, die Kälte zieht durch die Fensterritzen herein, und man wünscht sich nichts anderes als ein warmes, prickelndes Bad … Dieses herrliche Gefühl kann man ab sofort auch essen: in Form dieses wunderschönen, rustikalen Whirlpool-Törtchens!

1 Ein Blech Biskuit backen (Rezept siehe S. 7) und mit den Dessertringen je zwei Kreise pro Törtchen ausstechen. Die Ringe auf dem Bild sind 10 und 12 cm groß.

2 Die Biskuitkreise so aufeinander stapeln, dass die kleinen Kreise oben und unten sind, die größeren in der Mitte. Das Törtchen wie auf S. 14 beschrieben füllen und einstreichen. Dabei oben und unten verjüngen lassen, sodass das Törtchen die Form eines Fasses bekommt. Das Stück muss exakt rechteckig zugeschnitten sein.

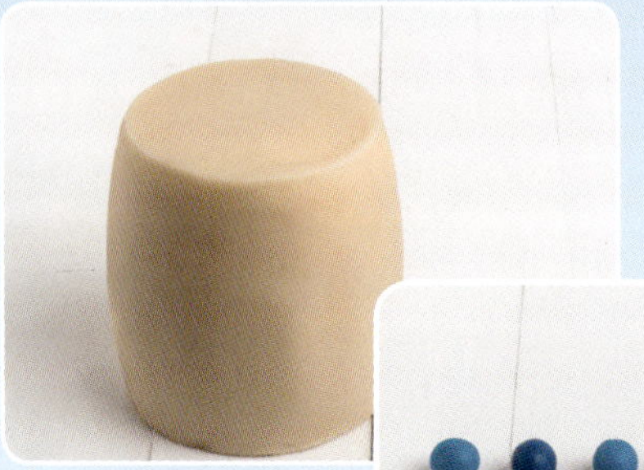

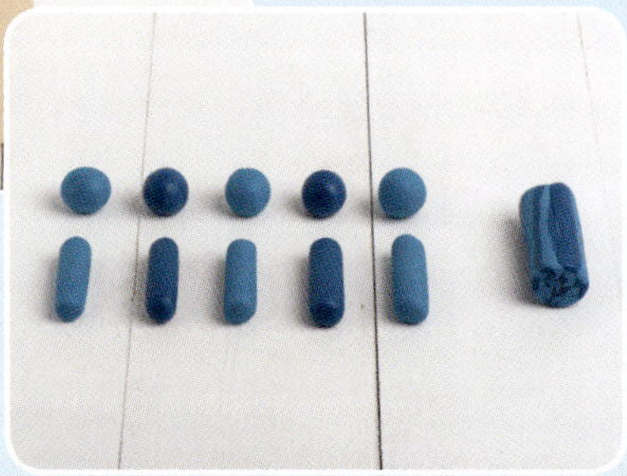

3 Das fertig eingestrichene Törtchen mit 200 g Marzipan überziehen und mit Glättern an der Oberseite eine saubere Kante ausformen. Das fertig überzogene Törtchen gut kühlen.

4 50 g Fondant in zwei Hälften teilen. Die eine Hälfte hellblau färben, die andere Hälfte dunkelblau. Aus dem gesamten Fondant einige Kugeln formen und diese länglich zu Strängen ausformen. Diese Stränge aufeinanderlegen und zu einem einzelnen Strang ausrollen.

5 Den Strang auf doppelte Länge ausrollen, in der Hälfte durchschneiden. Beide Hälften zusammenlegen und wieder ausrollen. Wieder in der Hälfte durchschneiden und zusammenlegen usw. Diesen Vorgang so lange wiederholen, bis eine schöne Marmorierung entstanden ist. Den Strang dann ausrollen und mit den Dessertringen einen Kreis ausstechen, der genau auf das Fass passt.

6 350 g Marzipan braun färben und ausrollen. Mit der Holzstrukturrolle dem Marzipan eine Holzoptik geben. Dann etwa 2–3 cm breite Streifen ausschneiden. Die Streifen sollten sich oben und unten leicht verjüngen, damit sie auf dem sich ebenfalls verjüngenden Fass Platz haben. Die Streifen mit etwas Fondantkleber fixieren. An der Oberseite können nun kleine Kerben aus dem Holz geschnitten werden, um dem Fass einen rustikalen Look zu verleihen.

7 Das Cakeboard mit dem restlichen, braunen Marzipan überziehen und ebenfalls mit der Holzstrukturrolle bearbeiten. Mit einem Lineal längs Vertiefungen eindrücken, die dem Cakeboard die Optik von Brettern verleihen. Mit einem Strohhalm oder einem Straw Tool kleine Kreise als Schrauben einprägen.

8 Das fertige Fass auf das Cakeboard stellen und mit etwas Fondantkleber fixieren. Optional kann etwas braune Lebensmittelfarbe in 1 cl weißem Alkohol aufgelöst und damit der gesamte Kuchen angepinselt werden. Dadurch erhält das Fass einen leichten Glanz und wird tiefbraun.

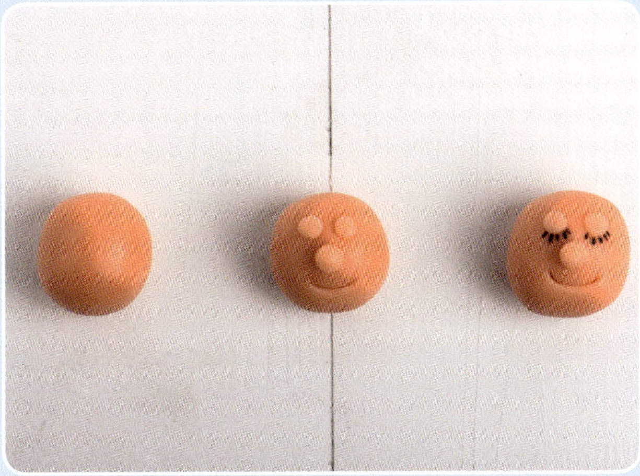

9 100 g Marzipan hautfarben einfärben. Aus einem Teil davon (ca. 30 g) eine etwa 3 cm große Kugel formen. Für die Augen zwei kleine Kugeln formen und an den entsprechenden Stellen andrücken. Ein etwas größeres Kügelchen für die Nase formen und leicht andrücken. Mit dem Smile Tool einen Mund in das Marzipan drücken. Zuletzt mit dem Lebensmittelfarbstift schwarze Wimpern aufmalen.

10 Aus dem hautfarbenen Marzipan eine etwa 2–3 cm kleine Kugel (etwas kleiner als der Kopf) formen und diese nach oben mit den Daumen verjüngen. So entstehen Schultern und Hals.

11 30 g Fondant länglich ausrollen und rechteckig zuschneiden (ca. 6 cm x 2 cm). Die Enden mit einem Messer ausfransen. Das so entstandene Handtuch von hinten über den Kopf legen und an der Stirn überlappen lassen. Ein Teil der Stirn soll frei bleiben. Hier können aus etwas braunem Marzipan sehr kleine Kugeln geformt und zwischen den Fingern rollend zugespitzt werden. So entstehen die Haare.

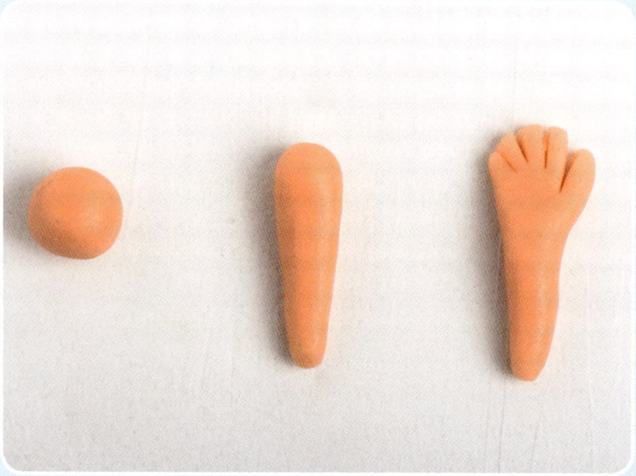

12 Aus dem restlichen hautfarbenen Marzipan zwei Kugeln formen und diese so zu zwei Strängen ausrollen, dass diese an einer Seite etwas dicker als auf der anderen werden. Die dickere Seite etwas flach drücken und mit einem Messer 4 Schnitte ansetzen um die Fingen auszuformen.

13 Einen Cakepop-Stiel am Rand des Fasses (ca. 3 cm nach innen versetzt) und auf diesen zuerst den zuvor geformten Hals setzen, darauf dann den Kopf. Die Arme mit einem Messer so schräg abschneiden, dass man die Arme auf dem Wasser so platzieren kann, als würden sie natürlich herausragen. Die Finger entsprechend um das Holz biegen, dass sie den Eindruck erwecken, die Dame würde sich entspannt festhalten.

14 50 g Fondant grau färben und mit einer Fondantpresse etwa 5 mm breite Streifen pressen. Diese Streifen seitlich mit etwas Fondantkleber auf das Fass kleben und mit dem Straw Tool oder einem Strohhalm kleine Kreise als Schrauben wie schon beim Cakeboard prägen.

15 50 g Fondant grau färben und mit einer Fondantpresse etwa 5 mm breite Streifen pressen. Diese Streifen seitlich mit etwas Fondantkleber auf das Fass kleben und mit dem Straw Tool oder einem Strohhalm kleine Kreise als Schrauben wie schon beim Cakeboard prägen.

Lebkuchenhäuschentorte

Benötigte Materialien

450 g Fondant
hellblaue Lebensmittelfarbpaste
1 rundes Cakeboard (Ø 15 cm)
1 rundes Törtchen (Ø 10 cm)
grüne Lebensmittelfarbpaste
Ausstecher Tannenbaum
Ausstecher Stern
150 g Blütenpaste
braune Lebensmittelfarbpaste
2 cl weißer Alkohol (Wodka, Rum etc.)
Ausstecher Schneestern

Knusper, knusper, Knäuschen … wer knuspert an meinem Häuschen? Die Zahl der Menschen, die an diesem Häuschen naschen wollen, dürfte wohl ins Unermessliche steigen, wenn sie wüssten, was darunter für ein leckeres Törtchen sitzt.

1 250 g Fondant zart hellblau färben und das Cakeboard damit dünn überziehen.

2 Mit dem restlichen hellblauen Fondant das Törtchen überziehen.

3 Das Törtchen mittig auf das Cakeboard stellen.

4 100 g Fondant länglich ausrollen. Eine Kante gerade und die anderen wellenförmig abschneiden.

5 Den Fondantstreifen mit der geraden Kante nach unten und etwas Fondantkleber an die Unterkante des Törtchens kleben. Die Kanten mit einem Finger leicht abrunden.

6 Rund um das Törtchen herum kleine Schneebälle aus weißem Fondant formen und ankleben.

7 50 g Fondant dunkelgrün färben, ausrollen und mit dem Baumausstecher kleine Bäume herstellen. Aus etwa 50 g Fondant mit dem Sternausstecher kleine, weiße Sterne herstellen, und alle Elemente rund um das Törtchen passend anbringen.

8 Die Blütenpaste hellbraun färben. Die Schablonen auf Seite 140 aus dem Buch kopieren und ausschneiden. Die Blütenpaste 2–3 mm dick ausrollen, die Schablonen darauflegen und die Einzelteile des Lebkuchenhauses ausschneiden.

9 Für ein Seitenteil des Hauses mit einem Smile Tool und einem scharfen Messer eine Öffnung bzw. Türe aus der Blütenpaste ausschneiden.

10 Anhand der Schablonen alle Einzelteile ausschneiden und die Ränder mit dem Finger glätten, um der Blütenpaste etwas mehr die Optik von gebackenen Lebkuchenteilen zu geben. Die Teile über Nacht trocknen und aushärten lassen.

11 Etwas weißen Alkohol mit brauner Lebensmittelfarbe vermischen und damit alle Einzelteile des Lebkuchenhauses rundherum bemalen. Dadurch wir die Farbe kräftiger und die Oberfläche von Rückständen der Bäckerstärke gesäubert.

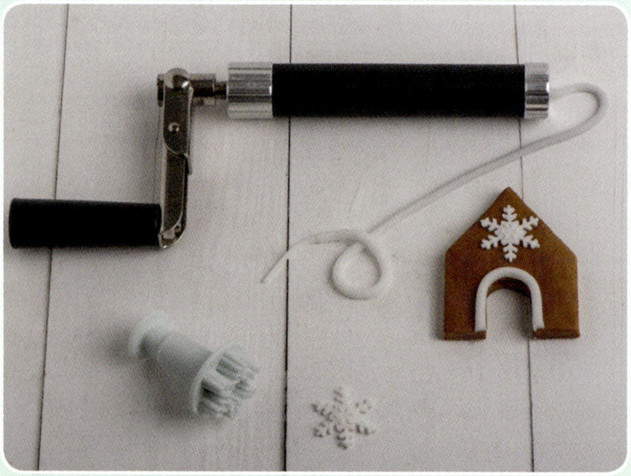

12 Mit einer Fondantpresse einen weißen Faden aus Fondant pressen und, wie auf dem Bild zu sehen ist, am Rand des Eingangsbogens des Lebkuchenhauses aufkleben. Aus einem kleinen Rest des Fondants mit einem Schneesternausstecher eine Schneeflocke herstellen und oberhalb des Eingangs aufkleben.

13 50 g Fondant flach drücken und so formen, dass die entstandene Platte auf das kleine Törtchen passt. Darauf mit etwas Fondantkleber die Seitenteile des Lebkuchenhauses zusammenfügen und trocknen lassen.

14 Alle Nahtstellen des Lebkuchenhauses mit weißen Fondantfäden abdecken.

15 Zuletzt das Dach auf das Lebkuchenhäuschen kleben und die Ränder wieder mit weißen Fondantfäden kaschieren.

16 Das Lebkuchenhäuschen auf das kleine Törtchen setzen und mit etwas Fondantkleber fixieren.

Schneeflockenbaumtorte

Benötigte Materialien

100 g weiße Blütenpaste
Ausstecher Schneeflocke
in 3 Größen
gelbe Lebensmittelfarbpaste
1 Zahnstocher
1 Cakeboard (Ø 15 cm)
400 g Fondant
Ausstecher Weihnachtsblatt in 3 Größen
rote Lebensmittelfarbpaste
1 rundes Törtchen (Ø 10 cm)

Weihnachtsdekoration … die einen lieben sie, die anderen können es kaum erwarten, dass diese wieder verstaut wird. Doch egal, zu welcher Seite man sich bekennt, bei diesem weihnachtlich, edel dekorierten Törtchen wird definitiv jeder schwach …

1 Etwas Blütenpaste ausrollen und mit den Schneeflockenausstechern je zwei Schneeflocken in der gleichen Größe, insgesamt sechs Stück, ausstechen. Ein kleines Stück Blütenpaste gelb färben, ausrollen und daraus einen gelben Stern ausstechen.
Aus dem Rest der weißen Blütenpaste sechs kleine Kugeln formen. Die übrige Blütenpaste gut verpackt beiseitelegen. Mit dem Zahnstocher exakt in der Mitte jeder Schneeflocke und der Kugeln ein Loch stechen.

2 Während die Schneeflocken trocknen, das Cakeboard mit Fondant überziehen und mit den Weihnachtsblatt-Ausstechern ein willkürliches Muster in den Fondant prägen.

3 Den restlichen Fondant rot färben und damit das Törtchen überziehen.

4 Nun einen Zahnstocher in die Oberseite des Törtchens stechen und vorsichtig die angetrockneten Schneeflocken aus Blütenpaste folgendermaßen mithilfe des Zahnstochers stapeln: Schneeflocke groß, Blütenpastenkugel, Schneeflocke groß, Blütenpastenkugel, Schneeflocke mittel, Blütenpastenkugel usw.
Zwischen jede Schneeflocke kommt eine Kugel als Abstandshalter. Den Abschluss bildet eine Kugel, auf welche später der Stern mit Fondantkleber angeklebt wird.

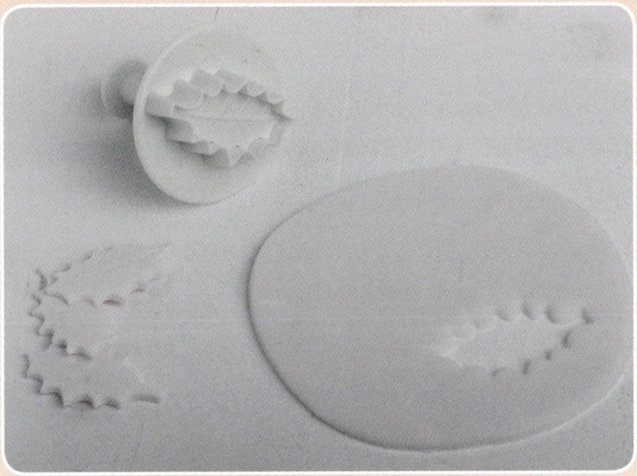

5 Die restliche Blütenpaste ausrollen und daraus unterschiedlich große Weihnachtsblätter mit den Weihnachtsblatt-Ausstechern herstellen.

6 Diese Blätter mit etwas Fondantkleber als Abschluss an die untere Kante des Törtchens kleben. Sie können dabei auch etwas überlappen.

7 Zuletzt den gelben Stern vorsichtig auf den Schneeflockenbaum kleben und trocknen lassen.

Lebkuchenmännchentorte

Benötigte Materialien

1 rundes Törtchen (Ø 10 cm)
1 rundes Cakeboard (Ø 15 cm)
600 g Fondant
rote Lebensmittelfarbpaste
250 g Modelliermarzipan
braune Lebensmittelfarbpaste
schwarze Lebensmittelfarbpaste
1 Cakepop-Stiel

Als wäre dieser kleine Lebkuchenmann nicht schon süß genug, hütet er auch noch seine Zuckerstange wie seinen größten Schatz. Ist er nicht niedlich?

1 Das Törtchen und das Cakeboard mit 250 g Fondant überziehen und aufeinanderstellen.

(2) 75 g Fondant rot färben, weitere 75 g weiß lassen. Aus beiden Farben mit einer Fondantpresse ca. 5 mm dicke Stränge pressen. Diese zusammenfügen und einrollen, wie auf dem Bild zu sehen ist.

(3) Mit einem Fondantglätter die zusammengedrehten Stränge auf einer flachen Oberfläche ausrollen, sodass eine runde Fondantrolle entsteht. Diese um das Törtchen legen.

(4) Den Vorgang wie schon zuvor wiederholen und eine etwa 10 cm lange Fondantrolle herstellen. Diese nun an den Ende gerade abschneiden und ein Ende umbiegen. So entsteht eine Zuckerstange.

5 200 g Marzipan braun färben. Daraus fünf etwa 3 cm große Kugeln formen und zwei mit je 1,5 cm. Aus den großen Kugeln, wie auf dem Bild zu sehen ist, den Kopf, den Körper und die Beine formen, aus den kleineren die Arme. Etwas übriges Marzipan für die Augen schwarz färben, zu Kugeln formen und auf das Gesicht drücken. Mit einem Messer Augenbrauen und einen Mund in das Marzipan ritzen.

6 In den Körper und den Kopf von unten einen Cakepop-Stiel stecken. Das Marzipan so 1–2 Stunden antrocknen lassen, damit es stabiler wird.

7 Zuletzt alle Einzelteile zusammenfügen. Den Cakepop-Stiel am Rand in den Kuchen stecken, Arme und Beine mit etwas Fondantkleber fixieren. Mit der Fondantpresse flache Bänder aus weiteren 50 g weißem Fondant pressen und Abschlüsse an Armen und Beinen anbringen. Details wie Knöpfe (siehe Stricktorte S. 32) oder ein Schal hauchen dem Lebkuchenmann Leben ein.

19
16

Weihnachtstorte

Benötigte Materialien

1 rundes Törtchen (Ø 10 cm)
1 Cakeboard (Ø 15 cm)
250 g Fondant
silberne Zuckerperlen
100 g Modelliermarzipan
grüne Lebensmittelfarbpaste
Ausstecher Weihnachtsblatt
rote Lebensmittelfarbpaste
weihnachtliches Satinband (35 cm lang)

Ein kleines Törtchen als Geschenk erfreut Gaumen und Seele zugleich. Dieses unkompliziert und schnell zu gestaltende Törtchen könnte zum idealen Advents- und Weihnachtsgeschenk für Freunde und Familie werden. Geschmacksrichtung? Egal … Hauptsache lecker und weihnachtlich!

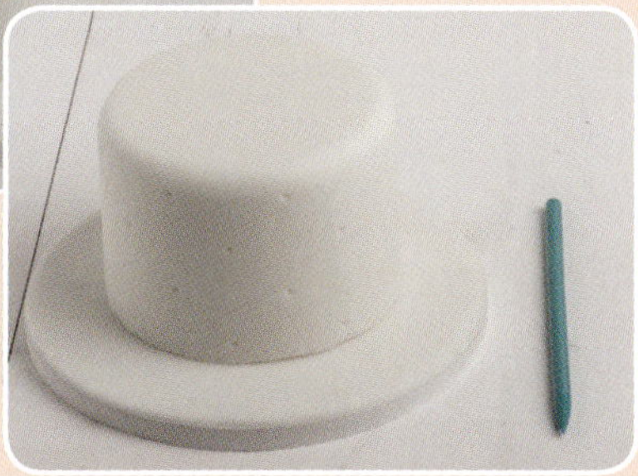

1 Das Törtchen sowie das Cakeboard mit Fondant überziehen und aufeinanderstellen.

2 Mit einem spitzen Gegenstand in gleichmäßigem Abstand und jeweils um die Hälfte versetzt rund um das Törtchen kleine Vertiefungen drücken. Hier sollte sehr genau gearbeitet werden.

3 In jede Vertiefung mit etwas Fondantkleber eine silberne, essbare Perle kleben.

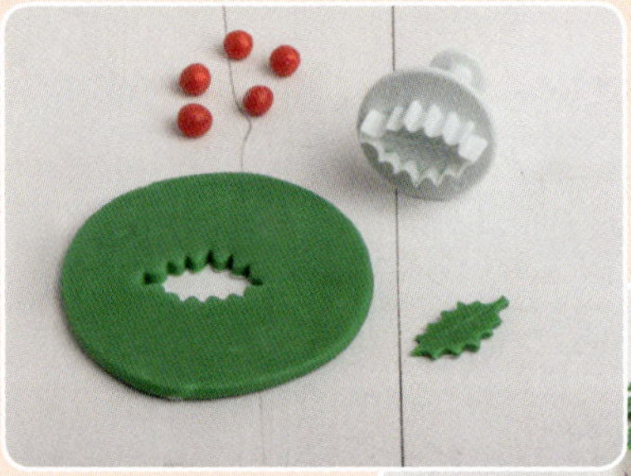

4 75 g Marzipan grün färben, ausrollen und mit dem Weihnachtsblatt-Ausstecher ca. 25 kleine Blätter ausstechen. Das restliche Marzipan rot färben und daraus etwa erbsengroße Kugeln formen.

5 Die grünen Blätter überlappend und abwechselnd nach innen und außen zeigend am Außenrand des Törtchens mit etwas Fondantkleber aufkleben.

6 Die roten Beeren ungleichmäßig auf den Blättern verteilen und festkleben. Den unteren Abschluss mit einem roten Satinband umwickeln und dieses an der Rückseite mit etwas essbarem Kleber fixieren.

16

Weihnachtsbaumtorte

Benötigte Materialien

1 rundes Törtchen (Ø 12–13 cm)
1 Cakeboard (Ø 15 cm)
250 g Fondant
300 g Modelliermarzipan
grüne Lebensmittelfarbpaste
braune Lebensmittelfarbpaste
1 Cakepop-Stiel
rote Lebensmittelfarbpaste
gelbe Lebensmittelfarbpaste
Ausstecher Stern
Lebensmittelfarbaste in blau, orange etc. (nach Belieben)
weihnachtliches Satinband (30 cm)

Besinnlichkeit, Familie, Freude, ein Weihnachtsbaum und möglichst viele Geschenke machen den 24. Dezember zum vielleicht schönsten Tag im Jahr für unsere Kinder … All dies vereint in einem süßen Törtchen – besser kann man sich kaum auf Weihnachten einstimmen, oder?

1 Das Törtchen sowie das Cakeboard mit Fondant überziehen und aufeinander stellen.

2 150 g Marzipan grün färben und zu einer Kugel formen. Diese Kugel nach oben spitz zulaufend zwischen den Handflächen rollen. Dann mit einer kleinen Schere (z. B. eine Fondantschere oder einer sauberen Nagelschere) von oben ausgehend rundherum etwa 3–4 mm tiefe Schnitte in das Marzipan schneiden.

3 So lange Schnitte in das Marzipan schneiden, bis das ganze Törtchen aussieht wie ein Tannenbaum. An unsauberen Stellen, an denen das Marzipan ausfranst, mit Daumen und Zeigefinger die Spitzen wieder etwas herausarbeiten.

4 Ein walnussgroßes Stück Marzipan braun färben, zu einer Kugel formen und diese zu einem Zylinder rollen. Den Cakepop-Stiel in die Mitte des Törtchens stecken und das braune Marzipanstück darauf stecken.
Zwischen Törtchen und Marzipan ein wenig Fondantkleber streichen um dieses zu fixieren.

5 Den Cakepop-Stiel mit Fondantkleber einstreichen und darauf den Tannenbaum schieben.

6 20 g Marzipan rot färben und mit einer Fondantpresse einen langen Streifen pressen. Diesen Streifen gleichmäßig um den Tannenbaum wickeln. Weitere 20 g Marzipan gelb färben, einen Stern ausstechen und mit etwas Fondantkleber auf die Baumspitze kleben.

7 100 g Marzipan nach Belieben verschieden färben. Aus dem Marzipan dann Würfel, Rechtecke usw. als Geschenke formen. Mit der Fondantpresse dünne Streifen aus den weißen Fondantresten (den Resten vom Überziehen, vgl. Schritt 1) pressen und da raus kleine Schleifen auf die Geschenke geben. Hier ist alles erlaubt. Insgesamt werden etwa 10 Geschenke benötigt.

8 Die zuvor hergestellten Geschenke rund um den Baum platzieren. Am unteren Rand des Törtchens ein weihnachtliches Satinband anbringen und mit lebensmittelechtem Kleber fixieren.

Eisanglertorte

Benötigte Materialien

400 g Rollfondant
türkise Lebensmittelfarbpaste
1 rundes Törtchen (Ø 10 cm)
1 Cakeboard (Ø 15 cm)
250 g Modelliermarzipan
hellbraune Lebensmittelfarbpaste
25g Blütenpaste
hautfarbene Lebensmittelfarbpaste
schwarze Lebensmittelfarbpaste
10 g weißer Modellierfondant
rote Lebensmittelfarbpaste
evtl. Cakepop-Stiel
25 g Glukose
blaue Lebensmittelfarbpaste

Eis, wohin das Auge reicht, minus 30 °C. Da sitzt sie nun und wartet darauf, bis endlich ein Fisch anbeißt. Wenn die Anglerin nur wüsste, dass unter ihr ein leckerer Kuchen schlummert!

1 300 g Rollfondant türkis färben, damit das Törtchen und das Cakeboard überziehen und aufeinanderstapeln.

2 100 g weißen Rollfondant so ausrollen, dass er etwas größer als das Törtchen selbst ist. Bei diesem Törtchen sollte der Fondant 15 cm Durchmesser haben. Die Umrandung mit einem scharfen Messer eckig zuschneiden.

3 Den weißen Fondant auf das Törtchen legen und glätten. Etwas seitlich ein Stück Fondant herausschneiden. Dieser Ausschnitt wird später ein Teich.

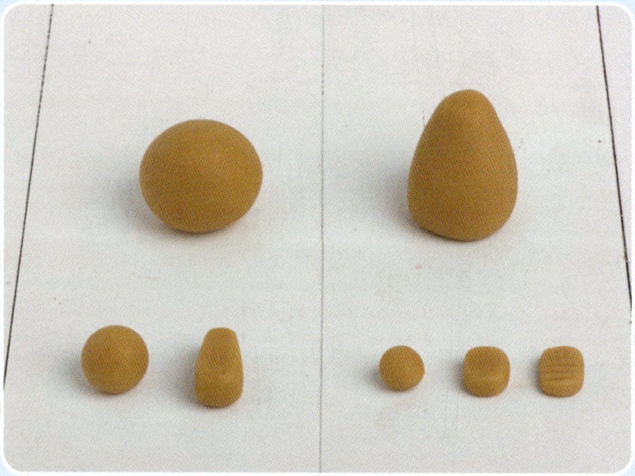

4 200 g Marzipan hellbraun färben. Zuerst eine etwa 5 cm große Kugel formen und diese nach oben verjüngen lassen. Zwei 2 cm große Kugeln formen und länglich ausrollen für die Beine. Für die Füße zwei etwa 1 cm große Kugeln formen, flach und dann leicht eckig drücken. Anschließend quer Rillen einprägen.

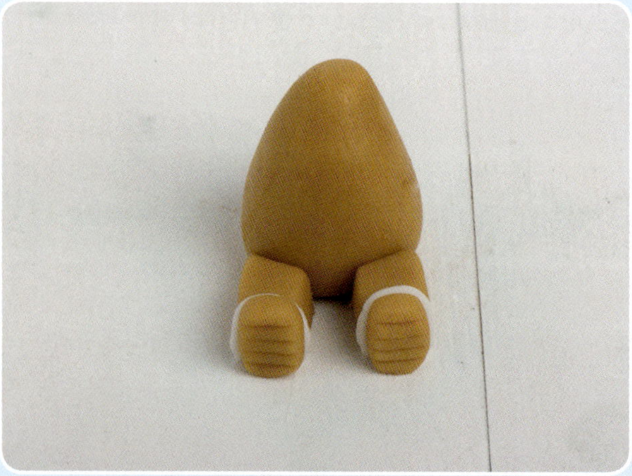

5 Alle Teile zum unteren Teil des Körpers zusammensetzen. Die Beine von den Füßen mit einer dünnen, weißen Fondantscheibe trennen.

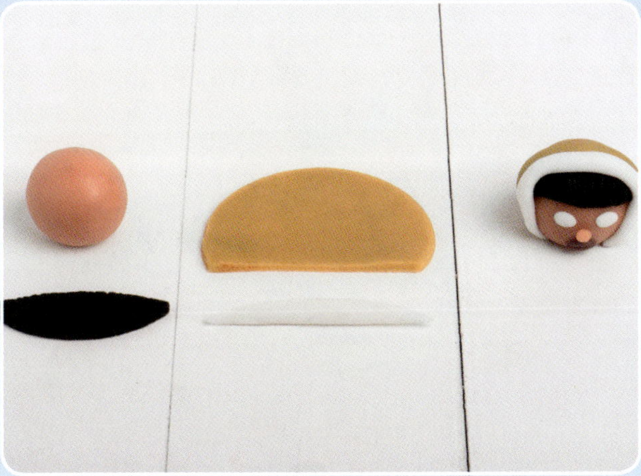

6 Für den Kopf eine 3 cm große Kugel aus hautfarbenem Marzipan formen. Aus dem hellbraunen Marzipan einen Kreis ausstechen und auf einer Seite gerade abschneiden. Aus etwas schwarzem Marzipan eine Kugel formen und so ausrollen, dass ein an beiden Seiten schmaler werdendes Band entsteht. Zuletzt einen an den Enden schmaler werdenden Strang aus weißem Modellierfondant ausrollen.

7 All diese Teile, also Kopf, Haare, die Kapuze und die Umrandung der Kapuze, wie am Bild zu sehen ist, zusammensetzen. Für die Augen zwei kleine Kugeln aus Modellierfondant auf das Gesicht drücken. Für den Mund eine einzelne, rote Marzipankugel auf das Gesicht setzen und mit einem Messer waagerecht eine Vertiefung schneiden, um zwei Lippen zu formen.

8 Den Körper, die Beine und den Kopf auf dem Törtchen zusammensetzen. Gegebenenfalls mit einem Cakepop-Stiel stabilisieren.

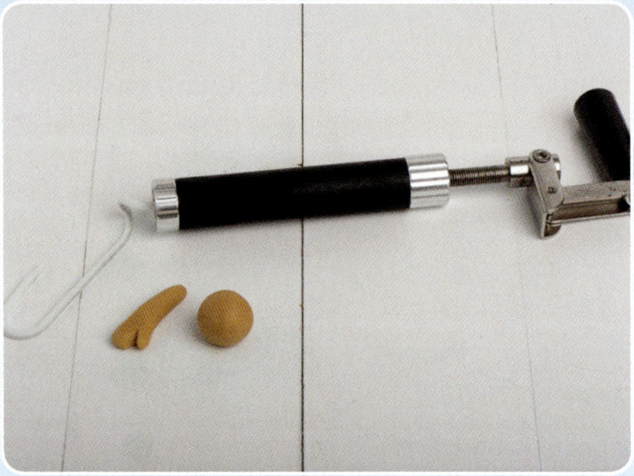

9 Zwei etwa 2 cm große Kugeln aus hellbraunem Marzipan formen und zu einem Strang ausrollen. Eine Seite leicht flach drücken und mit einem Messer einen Schnitt so setzen, dass ein Daumen entsteht. Für weitere Akzente mit der Fondantpresse einen weißen, runden Strang aus Fondant pressen.

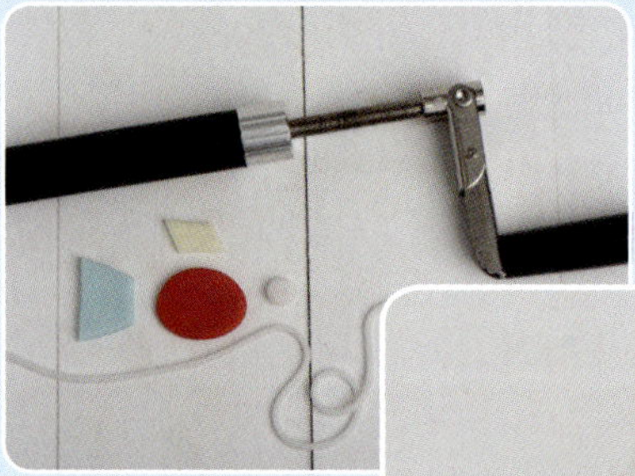

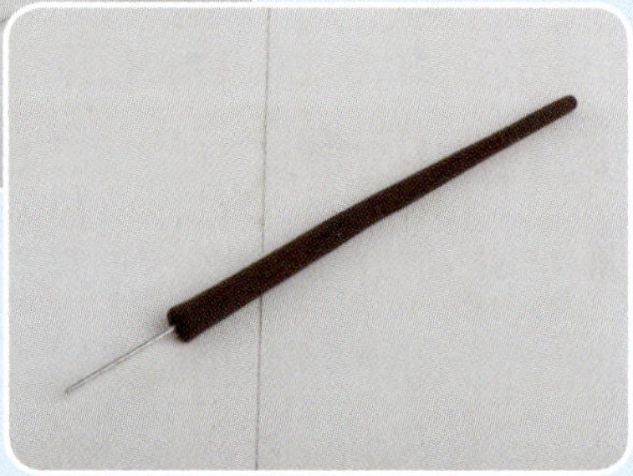

10 Für die Angelschnur einen weiteren Faden aus Fondant pressen. Für die Fische aus verschiedenfarbigem Marzipan diverse Teile formen: Kreise für den Körper, Rückflossen, Flossen und Augen. Zuletzt noch einen Angelhaken aus schwarzem Marzipan herstellen.

11 Für die Angel einen etwa 10 cm langen, dünner werdenden Strang aus 25 g Blütenpaste rollen. An der Unterseite einen Zahnstocher stecken, um die Angel später besser fixieren zu können. Die Angelrute über Nacht aushärten lassen.

12 Zuletzt alle Teile zusammenfügen. Arme, Angel, die Angelschnur, die Fische und den Angelhaken. Für den Teich einen Esslöffel Glukose erwärmen und mit blauer Lebensmittelfarbe färben. Die noch warme Glukose in die in Schritt 3 ausgeschnittene Vertiefung füllen und auskühlen lassen.

Pinguintorte

Benötigte Materialien

500 g Fondant
türkise Lebensmittelfarbpaste
1 rundes Törtchen (Ø 10 cm)
1 Cakeboard (Ø 15 cm)
200 g Modelliermarzipan
schwarze Lebensmittelfarbpaste
1 Cakepop-Stäbchen
Ausstechform oval
Ausstechform Herz
orange Lebensmittelfarbpaste
rote Lebensmittelfarbpaste

Das Besondere an einem Pinguin soll ja der Umstand sein, dass dieser, auch wenn er sauer wegwatschelt, immer noch total süß aussieht. Was würde so ein Pinguin bloß sagen, wenn er wüsste, dass er auch noch süß schmeckt?

1 250 g Fondant türkis färben und damit das Törtchen, sowie das Cakeboard überziehen. Die Reste gut verpacken, da sie später noch gebraucht werden.

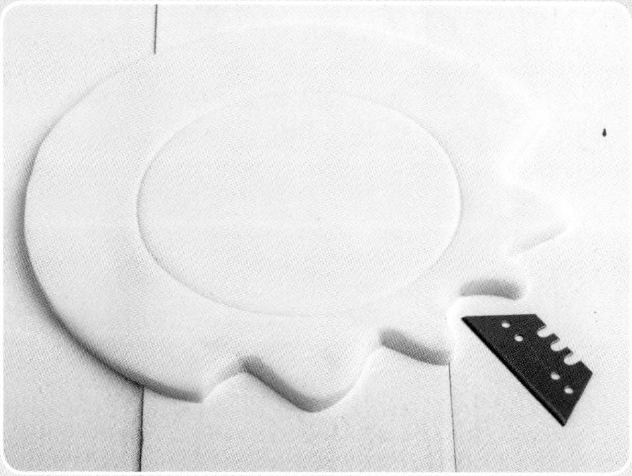

❷ 100 g weißen Fondant ausrollen. In der Mitte einen 10 cm großen Kreis vorsichtig markieren. Um diesen Kreis herum mit mindestens 1 cm Abstand wellenförmig den Fondant abschneiden. Diese „Schneedecke" auf das Törtchen legen und mit etwas Fondantkleber fixieren. Sollten scharfen Kanten entstanden sein, diese mit einem Finger vorsichtig abrunden.

❸ 150 g Marzipan schwarz färben. Daraus eine 5 cm große und eine etwas kleinere Kugel formen. Die große Kugel wie einen Kegel spitz zulaufend formen. Dann beide Elemente mit einem Cakepop-Stäbchen zusammensetzen. Daraus entstehen Kopf und Körper. Mit dem ovalen Ausstecher zwei Flügel für den Pinguin ausstechen.

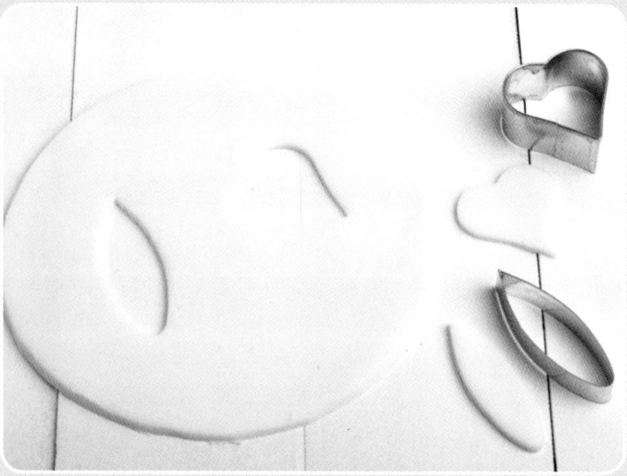

❹ Etwas Fondant sehr dünn ausrollen. Mit dem kleinen Herzausstecher das Gesicht ausstechen und mit dem ovalen Ausstecher den Bauch.

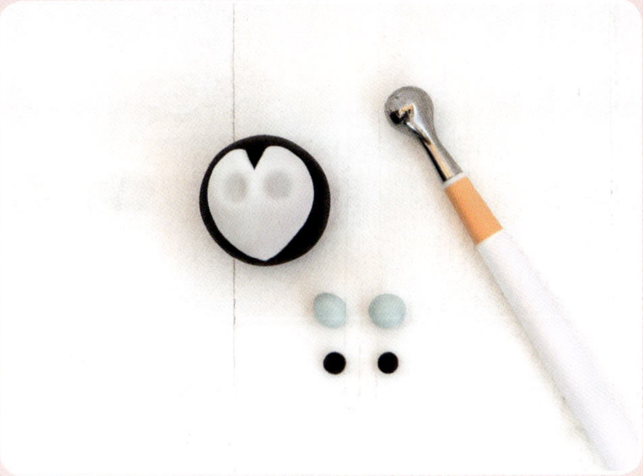

5 Die zuvor ausgestochene Herzform als Gesicht auf den Kopf kleben und mit dem Ball Tool eine Vertiefung für die Augen eindrücken. Aus einem Rest des türkisen Fondants kleine Kugeln formen und in die Augenhöhlen legen. Diese mit dem Ball Tool in den Augen höhlen ausformen. Mit einem Rest des schwarzen Fondants Pupillen in die Augen kleben.

6 Etwas Marzipan orange färben. Eine etwa 1 cm große Kugel drehen und spitz zulaufend ausformen. Diesen Kegel flach drücken und mit dem Finger so zwei Vertiefungen eindrücken, dass eine Flosse entsteht. Denselben Vorgang für einen zweiten Fuß wiederholen.

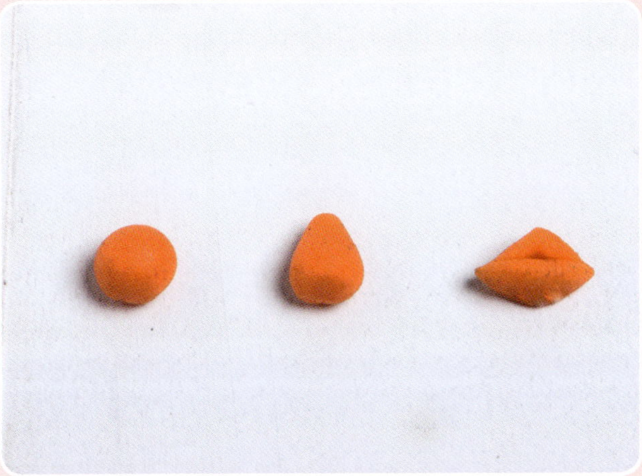

7 Aus dem orangen Marzipan eine weitere, etwa 2 cm große Kugel formen und diese spitz zulaufen lassen. Mit einem Messer von der Spitze des Kegels ausgehend einen Schnitt setzen. Dieser formt einen Schnabel. Mit den Fingern den Kegel noch etwas breiter formen.

8 Etwas Marzipan rot färben und in eine Fondantpresse füllen. Ein Band pressen und dessen Enden mit einem Messer ausfransen. Dieses Element dient später als Schal.

9 Für die Ohrenschützer aus dem roten Marzipan zwei 1 cm große Kugeln formen und leicht flach drücken. Um diese zu verbinden, einen Streifen aus dem türkisen Fondant zuschneiden.

10 Alle zuvor erstellten Elemente gemäß dem Bild zusammensetzen: Den Bauch auf den Körper kleben und glattstreichen, dann Flossen, Flügel, Schal, Schnabel und Ohrenschützer anbringen. Den fertigen Pinguin auf das Törtchen setzen.

Iglutorte

Benötigte Materialien

600 g Fondant
200 g Blütenpaste
blaue Lebensmittelfarbpaste
1 Cakeboard (Ø 25 cm)
braune Lebensmittelfarbpaste
Holzstrukturrolle
gelbe Lebensmittelfarbpaste
Ausstecher Stern
Floristendraht
Ausstecher Schneeflocke

Ein Zuhause für alle, denen es am Nordpol dann doch ein wenig zu kalt wird! Und so süß wie dieses kleine Iglu aussieht und schmeckt, wird letzten Endes jedem warm ums Herz …

1 In einer halbrunden Edelstahlschüssel (Ø 15 cm) einen Kuchen nach dem in Kapitel Grundrezepte angegebenen Rezept oder nach Wahl backen und mit Buttercreme oder Ganache einstreichen.

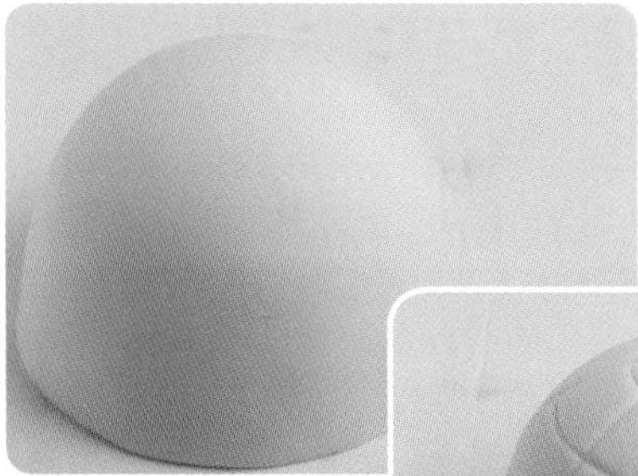

2 Das Törtchen mit 250 g Fondant überziehen und glätten.

3 Mit einem geraden Gegenstand (z. B. einem Lineal) gleichmäßige Linien horizontal und vertikal in den Kuchen drücken.

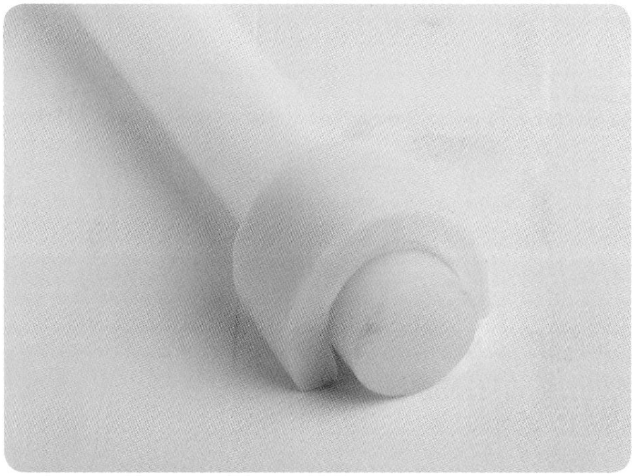

4 100 g Blütenpaste ausrollen und daraus einen 1 cm dicken Streifen zuschneiden, der sich über einen großen Ausrollstab legen lässt, wie auf dem Bild zu sehen ist. Wie schon beim Iglu selbst, einige Rillen in den Fondant drücken. Diesen späteren Eingang kurz antrocknen lassen.

5 In der Zwischenzeit 150 g Fondant grob mit blauer Lebensmittelfarbpaste färben, sodass diese sich nicht vollständig auflöst. Damit das Cakeboard überziehen.

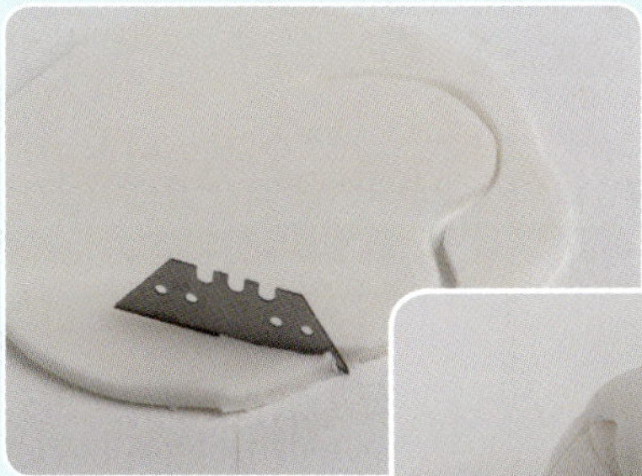

6 50 g Fondant ausrollen und am Rand außenherum wellig zuschneiden. Die Ränder mit einem Finger etwas abrunden.

7 Die Fondantplatte mit etwas Fondantkleber auf dem Iglu befestigen und glätten.

8 Weitere 100 g Fondant ca. 3 mm dünn ausrollen und so zuschneiden, dass das Iglu darauf Platz hat, und die Formen nur aus Geraden bestehen ohne Rundungen. Dadurch wirkt der Fondant wie eine Eisscholle.

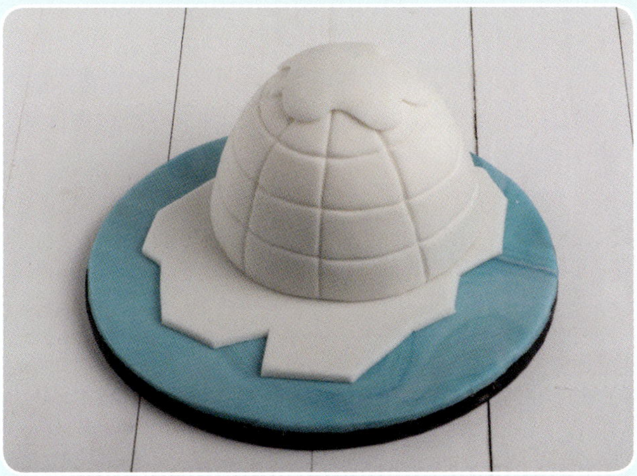

9 Das Iglu daraufsetzen und mit etwas Fondantkleber fixieren.

10 Den vorbereiteten Bogen nun an das Iglu kleben. Ein Blatt Papier nehmen und so zuschneiden, dass es genau wie eine Türe in die Öffnung des Torbogens passt. Dieses Blatt Papier als Schablone verwenden. 50 g Blütenpaste braun färben und mit der Holzstrukturrolle bearbeiten. Anhand der Schablone eine Türe zuschneiden und trocknen lassen.

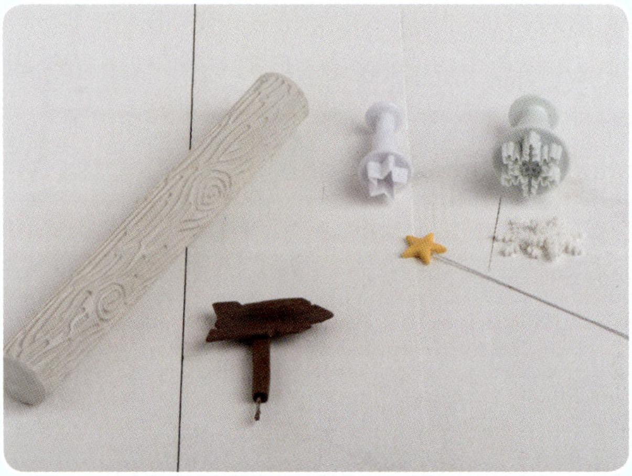

11 Aus der übrigen braunen Blütenpaste ein Schild, bestehend aus einer pfeilförmigen Holzplatte und einem Stab, formen und zusammenkleben. Zum besseren Platzieren ein Stück eines Zahnstochers unten in die Blütenpaste stecken. Für den Nordstern etwas übrige Blütenpaste gelb färben, ausrollen und daraus einen Stern ausstechen. Zum Fixieren ein ca. 20 cm langes Stück Floristendraht hineinstecken und alles trocknen lassen. Aus der restlichen Blütenpaste einige Schneeflocken ausstechen.

12 Holzschild, Holztüre, Schneesterne und Nordstern rund um das Iglu platzieren. Dann einen Tannenbaum wie auf Seite 121 beschrieben herstellen und neben den Eingang stellen.

Schneemanntorte

Benötigte Materialien

550 g Fondant
400 g Modelliermarzipan
orange Lebensmittelfarbpaste
schwarze Lebensmittelfarbpaste
1 Cakepop-Stiel
1 Cakeboard (Ø 20 cm)
rote Lebensmittelfarbpaste
dunkelblaue Lebensmittelfarbpaste

Ein Schneemann im Garten sorgt für Freude bei jedem Blick aus dem Fenster. Eine Schneemanntorte auf dem Teller sorgt hingegen zudem für Freude bei jedem Bissen. Einem perfekten Nachmittag mit Kaffee und Kuchen sollte damit nichts mehr im Wege stehen.

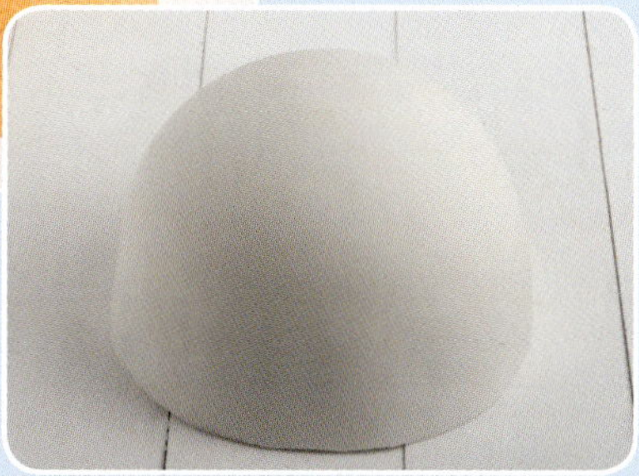

1 In einer halbrunden Edelstahlschüssel (Ø 15 cm) einen Kuchen nach dem in Kapitel Grundrezepte angegebenen Rezept oder nach Wahl backen.

2 Den Kuchen nach Belieben füllen und mit Creme einstreichen, anschließend mit 300 g Fondant überziehen.

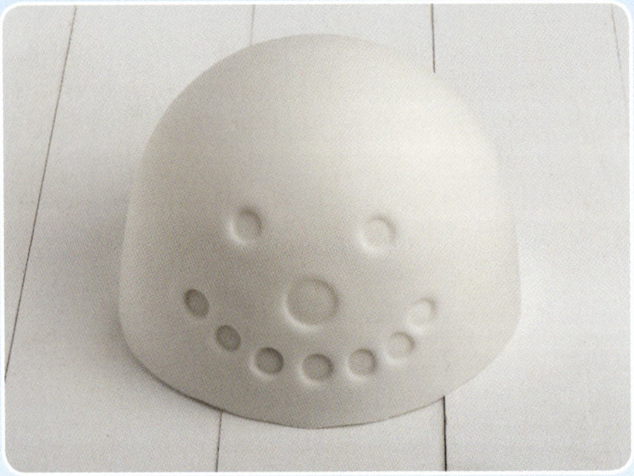

3 Mit einem runden Gegenstand, z. B. mit einem Korken, Vertiefungen für die Augen, die Nase und den Mund in den Fondant prägen. Die Nase sollte etwas größer ausfallen als die restlichen Vertiefungen.

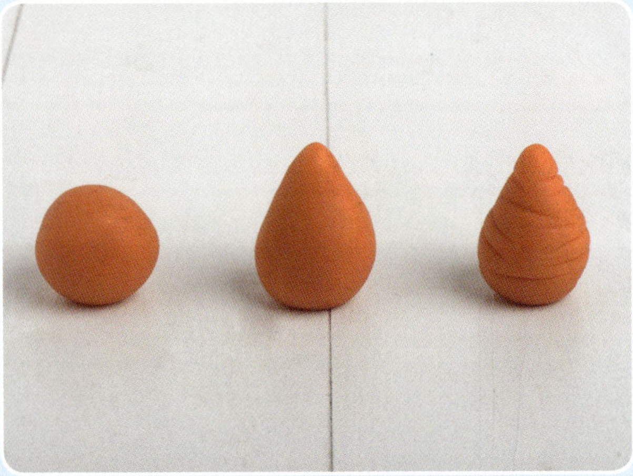

4 50 g Marzipan orange färben und zu einer Kugel formen. Diese Kugel an einer Seite spitz zulaufen lassen und mit einem Messer Vertiefungen hineinschneiden, um der Nase die Form einer Karotte zu verleihen.

5 100 g Marzipan schwarz färben und daraus unregelmäßige, leicht eckige Kugeln, ähnlich einem Stück Kohle, formen. Daraus die Augen und den Mund formen und mit Fondantkleber aufkleben. Mit etwas weißem Fondant kleine Highlights oben rechts in den Augen setzen.

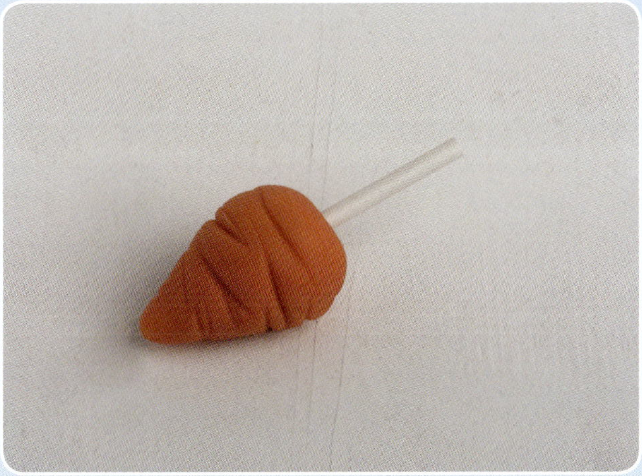

6 In die inzwischen leicht angetrocknete Karottennase einen Cakepop-Stiel stecken, um die Nase später besser fixieren zu können.

7 Die Nase in die dafür vorgesehene Vertiefung stecken und mit etwas Fondantkleber fixieren. Dann die ganze Torte auf das mit etwa 150 g Fondant überzogenes Cakeboard stellen.

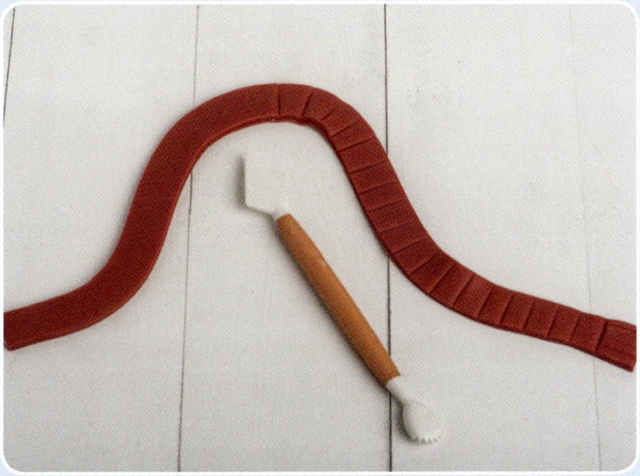

8 Für den Schal 100 g Fondant rot färben und zu einem langen Band ausrollen. Dieses mit einem Lineal und einem scharfen Messer geradeschneiden und in 2 cm Abstand quer Vertiefungen eindrücken. Am Ende des Schals Fransen prägen.

9 Den Schal um den Kuchen herumlegen und an der Vorderseite leicht seitlich versetzt überlappen lassen.

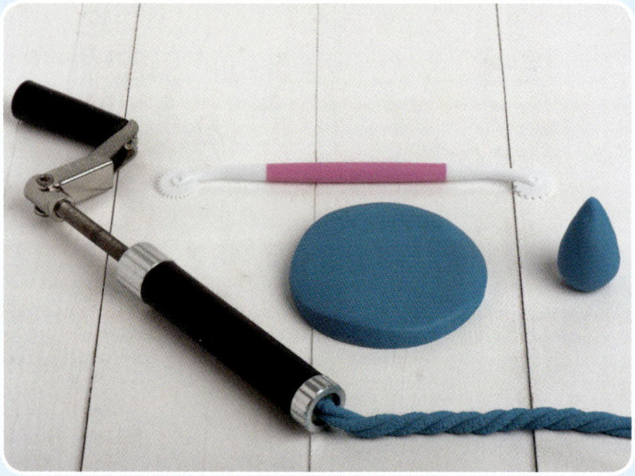

10 Für die Mütze 250 g Marzipan blau färben. Aus etwa 50 g mit einer Fondantpresse eine lange Kordel pressen, aus weiteren 50 g eine kleine Kugel formen und diese nach oben verjüngen lassen. Aus dem Rest eine große Kugel formen und so flach drücken, dass der entstandene Kreis an den Seiten dünner ist als in der Mitte.

11 Die Mütze auf den Schneemann legen, die Kordel mit etwas Fondantkleber rund um die Mütze aufkleben und den Bommel auf die Mütze setzen. Mit dem Knitting Tool abschließend Nähte in die Mütze und den Bommel prägen.

Eisbärtorte

Benötigte Materialien

600 g Fondant
hellblaue Lebensmittelfarbpaste
1 rundes Törtchen (Ø 10 cm)
1 Cakeboard (Ø 15 cm)
150 g Blütenpaste
schwarze Lebensmittelfarbpaste
gelbe Lebensmittelfarbpaste

Ein Eisbär am Nordpol müsste man sein. Einfach mal hinsetzen und gemütlich auf einer Eisscholle entspannen … Zum absoluten Eisbärglück fehlt da eigentlich nur noch ein Stück Kuchen. Wenn der Eisbär nur wüsste, dass er drauf sitzt!

1 250 g Fondant hellblau färben und damit das Törtchen überziehen. Dann das Cakeboard mit 50 g Fondant überziehen und das Törtchen mittig daraufstellen.

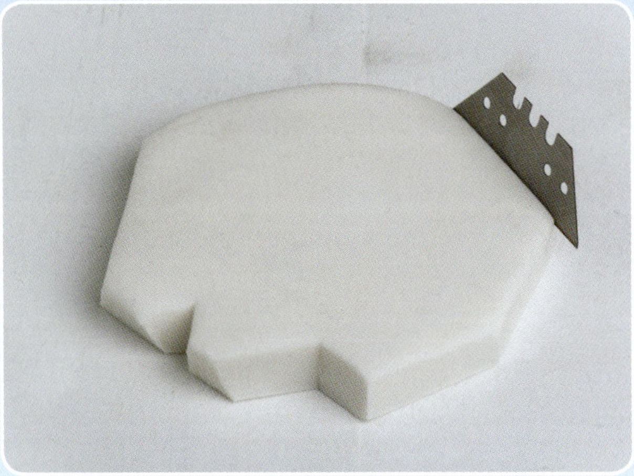

2 100 g Fondant zu einer Kugel formen und auf etwa 2 cm Stärke flach drücken. Der Kreis sollte etwas weniger als 10 cm Durchmesser haben, damit er als Eisscholle auf dem kleinen Törtchen Platz hat. Mit einem sehr scharfen Messer oder einer Trapezklinge Stücke vom Fondant abschneiden. Die Schnitte sollen unregelmäßig, aber stets gerade sein, um die Optik von Eis zu imitieren.

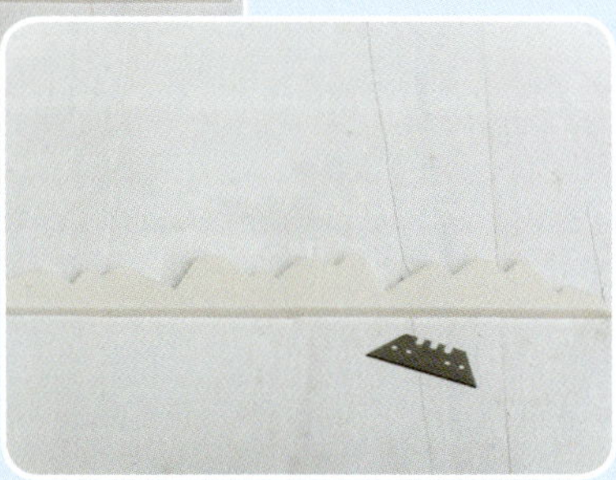

3 Weitere 100 g Fondant länglich ausrollen. Eine Kante gerade abschneiden und an der anderen Seite mit einem scharfen Messer unregelmäßige Zacken aus dem Fondant schneiden.

4 Das Fondantband sollte so lange sein, dass es um die ganze Torte herum passt. Eventuell müssen zwei Bänder zugeschnitten werden.

5 Das Band am unteren Ende der Torte mit etwas Fondantkleber an das Törtchen kleben.

6 Die in Schritt 2 zugeschnittene Eisscholle auf das Törtchen legen und mit etwas Fondantkleber fixieren.

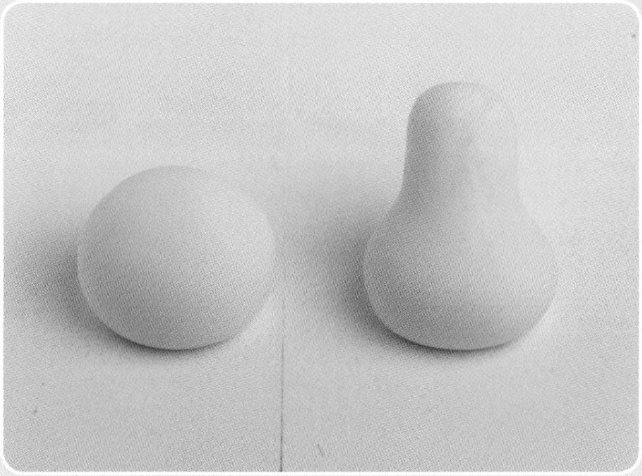

7 100 g Fondant mit 140 g Blütenpaste verkneten, um Modellierfondan zu erhalten. Aus diesem Modellierfondant eine etwa 5 cm große Kugel formen und diese mit den Handballen auf einer Seite schmaler werdend zu einem Hals formen.

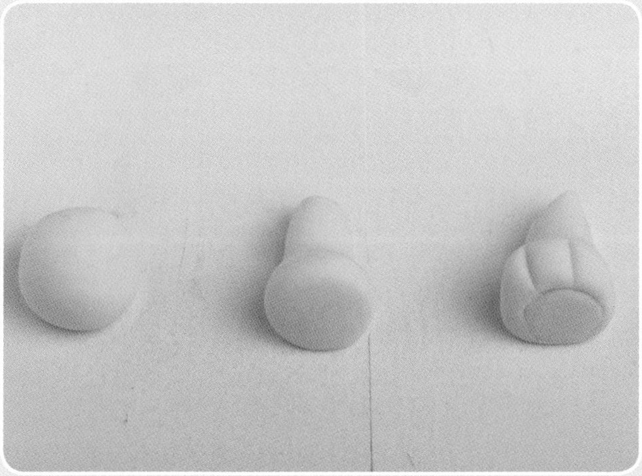

8 Für ein Bein eine etwa 3 cm kleine Kugel formen. Diese an einer Seite zwischen Handballen zulaufend formen. Dabei entsteht eine Kugel als Ende. Diese leicht flach drücken und mit einem Messer zwei Einkerbungen für die Pfoten des Bären in den Modellierfondant schneiden. Zuletzt einen Kreis an der Unterseite, wie auf dem Bild zu sehen, in die Blütenpaste ritzen. Dieselben Arbeitsschritte seitenverkehrt für das zweite Bein wiederholen.

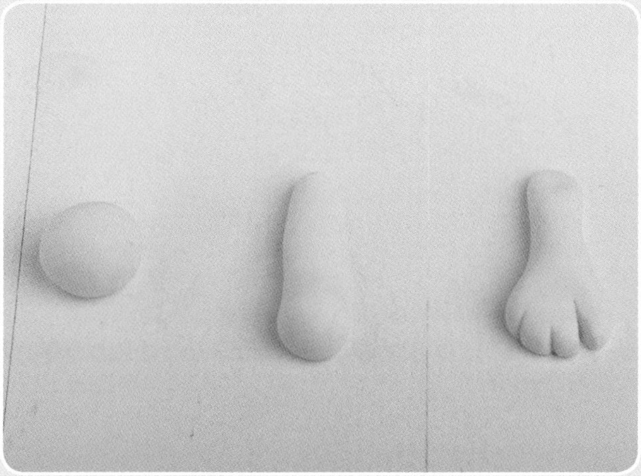

9 Für einen Arm eine etwa 2 cm kleine Kugel formen. Diese wie zuvor beim Bein etwas zuspitzen. Die Hand flach drücken und mit einem Messer für die Finger einschneiden. Auch diese Arbeitsschritte seitenverkehrt für den zweiten Arm wiederholen.

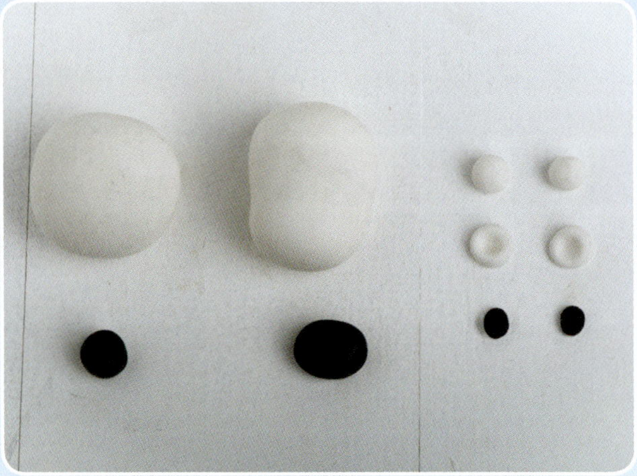

10 Für den Kopf eine 5 cm große Kugel herstellen und diese in der Mitte etwas dünner formen. Für die Ohren in zwei kleine Kugeln aus Modellierfondant eine Vertiefung drücken. Eine erbsengroße Kugel Modellierfondant schwarz färben und daraus eine ovale Nase und zwei kleine Kugeln für die Augen formen.

11 Alle im vorherigen Schritt modellierten Einzelteile zu einem Kopf mit Ohren, Schnauze und Augen zusammensetzen und mit etwas Fondantkleber fixieren. Für den Mund einen Halbkreis leicht versetzt unter der Schnauze einritzen. In die Augen ganz kleine weiße Punkte aus Fondant kleben.

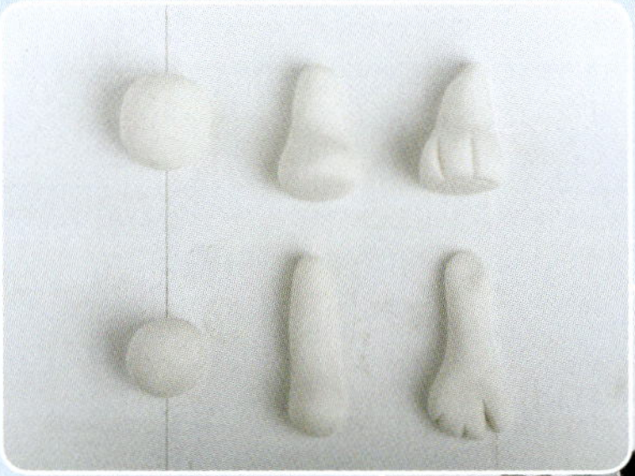

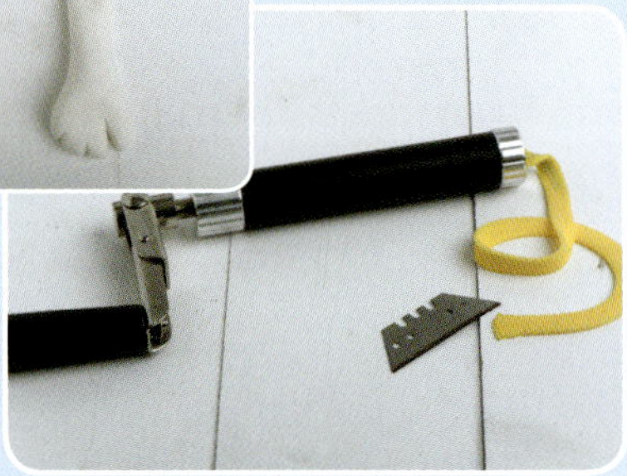

12 Den Bären aus allen zuvor geformten Einzelteilen zusammensetzen. Arme, Beine und Kopf mit etwas Fondantkleber fixieren, und, falls notwendig, mit Holzstäbchen stabilisieren. Den fertigen Bären auf die Eisscholle setzen und festkleben.

13 Die restliche Blütenpaste gelb färben und mit einer Fondantpresse einen schmalen Streifen pressen. Die Enden mit einem Messer ausfransen. Den so entstandenen Schal um den Hals des Bären wickeln.

Cupcakes

Lebkuchenmännchen

Benötigte Materialien

12 Muffins (Rezept siehe S. 8)
etwas Buttercreme
250 g Modelliermarzipan
braune Lebensmittelfarbpaste
Ausstecher rund (Ø wie Muffins)
150 g Fondant
schwarze Lebensmittelfarbpaste
Lebensmittelfarbpaste nach Wahl für die Dekoration
Ausstecher Herz
schwarzer Lebensmittelfarbstift

Was wäre der Winter ohne Lebkuchen? Wer dachte, dieses traditionelle Gebäck wäre schon süß, der kennt diese kleinen Lebkuchenmuffin-Figuren noch nicht. Fast zu schade zum Essen, aber nur fast!

1 Die Muffins zur Hand nehmen und die durch das Backen entstandene Kuppel waagerecht so zuschneiden, dass die Muffins eine flache Oberseite bekommen.

2 Die Oberseite mit etwas Buttercreme (siehe Grundrezept S. 12) einstreichen und so Unebenheiten ausgleichen. Das ganze Marzipan braun färben und ausrollen. Mit dem runden Ausstecher, der denselben Durchmesser wie die Muffins hat, 12 Kreise ausstechen und auf die Muffins legen. Mit einem Fondantglätter vorsichtig für eine glatte Oberfläche sorgen.

3 100 g Fondant braun färben. Daraus mit der Fondantpresse einen etwa 1 mm dünnen Faden pressen und in kleine, 3–4 mm lange Stücke schneiden. Diese Stücke am äußeren Rand der Muffins, wie auf dem Bild zu sehen, andrücken.

4 Aus dem braunen Fondantfaden einen Mund formen und an das Marzipan drücken. Für die Augen ca. 10 g Fondant schwarz färben. Aus zwei kleinen Fondantstücken kleine Kugeln formen und diese für die Augen an das Marzipan drücken.

5 Weitere 40 g Fondant in einer Farbe nach Wahl färben (rosa, rot, blau, grün usw.). Aus zwei kleinen, ausgestochenen Herzen und einer kleinen Kugel eine Masche formen und an das Marzipan drücken. Zwei weitere Kugeln für die Mundwinkel formen und ebenfalls fixieren. Die Muffins können so individuell nach Wunsch gestaltet werden. Mit einem schwarzen Lebensmittelfarbstift lassen sich zudem Details wie Wimpern aufmalen.

Rentier-Cupcakes

Benötigte Materialien

12 Muffins (Rezept siehe S. 8)
etwas Buttercreme
200 g Fondant
Ausstecher rund in 3 verschiedenen Größen
(z. B. Ø 10 cm, 7 cm, 3 cm)
250 g Modelliermarzipan
braune Lebensmittelfarbpaste
rote Lebensmittelfarbpaste
schwarze Lebensmittelfarbpaste

Rudolf, das Rentier mit der roten Nase, ist nicht nur der Liebling aller Kinder und Held zahlreicher Weihnachtslieder, sondern ab sofort auch der liebenswerteste Muffin weit und breit.

1 Die Muffins an der Oberseite mit einem Messer abflachen und mit etwas Buttercreme Unebenheiten ausgleichen. Den Fondant ausrollen und mit einem runden Ausstecher 12 Kreise ausstechen, welche die Muffins genau abdecken. Anschließend 150 g Marzipan braun färben und daraus 12 kleinere Kreise ausstechen.

2 Den Kreis aus braunem Marzipan so auf den weißen Fondant legen, dass er etwas über den Rand hinaussteht. Den Überschuss mit einem scharfen Messer trimmen. Aus dem restlichen Marzipan nach Gefühl ein Geweih und Ohren zuschneiden. Alles mit etwas Fondantkleber fixieren.

3 50 g Marzipan rot färben, ausrollen und einen kleinen Kreis für die Nase aus stechen. Diese Nase auflegen und den Überschuss wieder trimmen. 50 g Marzipan schwarz färben und daraus zwei kleine Kugeln für die Augen auf jedem Muffin formen und andrücken.

Tannenbaum-Cupcakes

Benötigte Materialien

12 Muffins (Rezept siehe S. 8)
12 Eiswaffeln
500 g Buttercreme (Rezept siehe S. 12)
grüne Lebensmittelfarbpaste
silberne Zuckerperlen

Es ist eiskalt, die Baumwipfel schwingen im Wind, und Schnee fällt auf die Tannenzweige. Klingt … winterlich. Entspannend klingt anders. Holen wir uns die verschneiten Tannenbäume also besser herein ins Wohnzimmer und essen sie schnell auf …

1 Die ausgekühlten Muffins zur Hand nehmen und für jeden Muffin eine Eiswaffel vorbereiten.

2 Die Muffins mit einem Messer oben abflachen. Die Buttercreme grün färben und damit die Oberseite der Muffins sowie die der Eiswaffeln dünn einstreichen.

3 Die übrige Buttercreme in einen Spritzsack mit kleiner Sterntülle füllen. Die Eiswaffel auf den Muffin stellen und mit etwas Buttercreme fixieren, dann rund um die Eistüte kleine Tupfen aufspritzen.

4 Die Eistüte komplett mit grünen Buttercremetupfen bedecken. An der Spitze einen etwas größeren Tupfen aufdressieren. Abschließend rund um den Tannenbaum silberne Zuckerperlen anbringen.

Weihnachts-Cupcakes

Benötigte Materialien

12 Muffins (Rezept siehe S. 8)
etwas Buttercreme
350 g Modelliermarzipan
braune Lebensmittelfarbpaste
Ausstecher rund (Ø 8 cm)
100 g Fondant
grüne Lebensmittelfarbpaste
rote Lebensmittelfarbpaste
Ausstecher Weihnachtsblatt

Kein Dessert und keine süße Verführung steht mehr für Weihnachten und die besinnliche Zeit, als der traditionelle Christmas Pudding. Warum also nicht einfach leckeren Muffins durch sein traditionelles Design weihnachtliches Flair einhauchen?

1 Die Muffins zur Hand nehmen und die durch das Backen entstandene Kuppel mit etwas Buttercreme glätten um so Unebenheiten auszugleichen. 250 g Marzipan braun färben und ausrollen. 12 Kreise ausstechen, die groß genug sind, um die Muffins abzudecken, und damit die Muffins überziehen.

2 Den Fondant dünn ausrollen und mit einem scharfen Messer eine abgerundete Abdeckung (wie auf dem Bild zu sehen) für die Muffins zuschneiden. Die Kanten mit den Fingern stark abrunden, um dem Ganzen den natürlichen Look von echtem Zuckerguss zu verleihen.

3 50 g Marzipan grün und weitere 50 g rot färben. Das grüne Marzipan ausrollen und mit dem Weihnachtsblatt-Ausstecher zwei Blätter für jeden Muffin ausstechen (insgesamt 24 Stück). Aus dem roten Marzipan drei kleine Kugeln für jeden Muffin formen (insgesamt 36 Stück).

4 Die Marzipanblätter mit etwas Fondantkleber auf den Muffins anbringen und je drei Kugeln davor fixieren.

Cookies

Wintercookies

Benötigte Materialien

12 Cookies (Rezept siehe S. 8)
Ausstecher rund (Ø 8 cm)
300 g Fondant
türkise Lebensmittelfarbpaste
Ausstecher Tannenbaum diverse Größen
(< Ø 8 cm)

Gemütlich auf dem Sofa und vor dem Kamin sitzen, die Wärme auf der Haut spüren und sich so richtig wohl fühlen! Beim Blick aus dem Fenster fehlt bloß noch das Wichtigste: Schnee! Diese Cookies bringen euch die Winterlandschaft direkt ins Haus und sehen dabei noch entzückend aus …

1 12 Cookies nach dem Grundrezept auf S. 8 backen und mit dem runden Keksausstecher ca. 8 cm große, runde Cookies ausstechen. 200 g Fondant türkis färben und ausrollen. Daraus Kreise mit Ø 8 cm für jeden Cookie ausstechen und mit etwas Fondantkleber auf den Cookies fixieren.

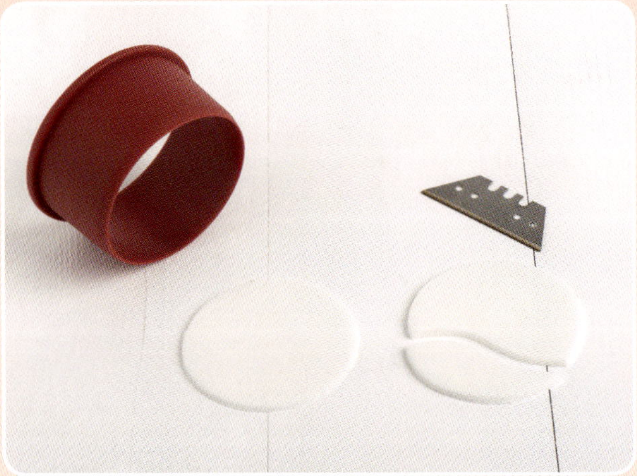

2 Den restlichen Fondant ausrollen und wieder 8 cm runde Kreise für jeden Cookies ausstechen. Das untere Drittel der Kreise mit einem scharfen Messer wellenförmig abschneiden. Den oberen Teil wieder verpacken, den kleineren, unteren Teil leicht antrocknen lassen.

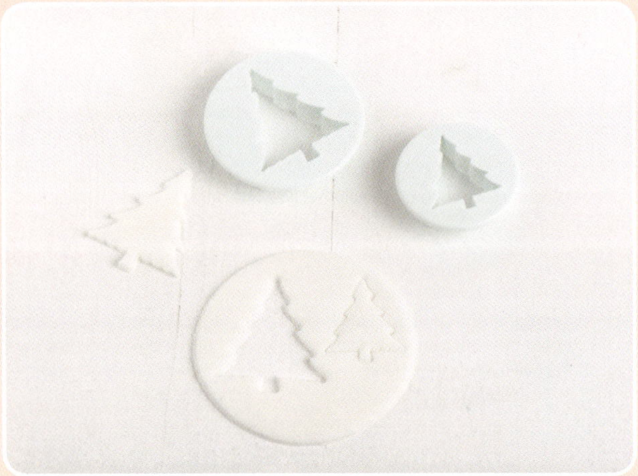

3 Den übrigen Fondant, der zuvor wieder verpackt wurde, erneut ausrollen und daraus unterschiedlich große Tannen bäume ausstechen. Diese müssen klein genug sein, dass sie auf dem Cookie Platz haben (z. B. wie im Bild 3 cm und 5 cm hoch).

4 Mit den Tannenbaum-Ausstechern können (optional) Teile der zuvor ausgestochenen Tannenbäume abgetrennt werden, damit andere Bäume, wie im Bild zu sehen ist, exakt in die Aussparungen passen.

5 Die fertigen Teile, also die wellenförmige Unterseite als Landschaft und die Tannenbäume, auf den Cookies platzieren und mit Fondantkleber fixieren. Optional können auch noch einzelne Sterne auf den Cookies angebracht werden.

6 Wie auf dem Bild zu sehen ist, kann man seiner Kreativität freien Lauf lassen. Die Cookies müssen nicht gleich aussehen, sondern dürfen und sollen sich voneinander unterscheiden. Winterwonderland sozusagen …

Pinguin-Cookies

Benötigte Materialien

12 Cookies (Rezept siehe S. 8)
Ausstecher rund (Ø 8 cm)
650 g Fondant
schwarze Lebensmittelfarbpaste
Ausstecher Herz
orange Lebensmittelfarbpaste
blaue Lebensmittelfarbpaste

Ein Pinguin kommt selten allein, so sagt man. Damit unser süßer Pinguin nicht allein auf seinem Törtchen auf Seite 78 sitzen muss, bekommt er hier Unterstützung von mindestens genauso entzückenden Freunden.

1 12 Cookies nach dem Grundrezept auf S. 8 backen und mit dem runden Keksausstecher ca. 8 cm große, runde Cookies ausstechen.

2 300 g Fondant schwarz färben und ausrollen. Mit demselben runden Ausstecher, der auch für die Kekse verwendet wurde, einen Kreis pro Cookie ausstechen und diesen mit etwas Fondantkleber fixieren. Die Ränder mit den Händen glätten.

3 100 g weißen Fondant ausrollen und daraus 12 Herzen ausstechen, die etwas kleiner als die Cookies sind. 50 g Fondant orange färben und daraus für jeden Cookie drei kleine Kugeln formen (also insgesamt 36 Stück). Je eine Kugel leicht zuspitzen für den Schnabel und die zwei anderen flach drücken und oben zwei Kerben eindrücken, um die Form einer Flosse anzudeuten. Zuletzt 50 g Fondant schwarz färben und für jeden Cookie zwei Kugeln für die Augen formen.

4 150 g Fondant blau färben und für jeden Cookie folgendermaßen vorgehen: Einen Kreis mit Ø 8 cm ausstechen, den Ausstecher leicht nach unten versetzen und nochmals ausstechen, dann nochmals leicht nach unten versetzen und erneut ausstechen. So entsteht ein Halbmond für die Mütze und ein gebogenes Band für den Falz der Mütze. Aus dem restlichen Fondant einen spitz zulaufenden Kegel für den Bommel der Mütze formen.

5 Mit einem flachen Gegenstand Streifen in den Falz drücken. Nun die Mütze, den Falz und den Bommel nacheinander mit Fondantkleber fixieren.

Schneemann-Cookies

Benötigte Materialien

12 Cookies (Rezept siehe S. 8)
Ausstecher rund (Ø 8 cm)
500 g Fondant
rote Lebensmittelfarbpaste
Ausstecher Schneeflocke
schwarze Lebensmittelfarbpaste
orange Lebensmittelfarbpaste

Der Anblick eines Schneemanns erwärmt das Herz eines jeden Menschen dieser Welt. Normalerweise müsste man dann ja besonders traurig sein, wenn ein Schneemann wieder schmilzt. Im Fall dieser Schneemann-Cookies scheinen die Gesetze der Natur jedoch außer Kraft gesetzt zu sein. Sie schmelzen nämlich nicht in der Sonne, sondern im Mund. Dabei schmecken sie genauso süß, wie sie aussehen.

1 12 Cookies nach dem Grundrezept auf S. 8 backen und mit dem runden Keksausstecher ca. 8 cm große, runde Cookies ausstechen.

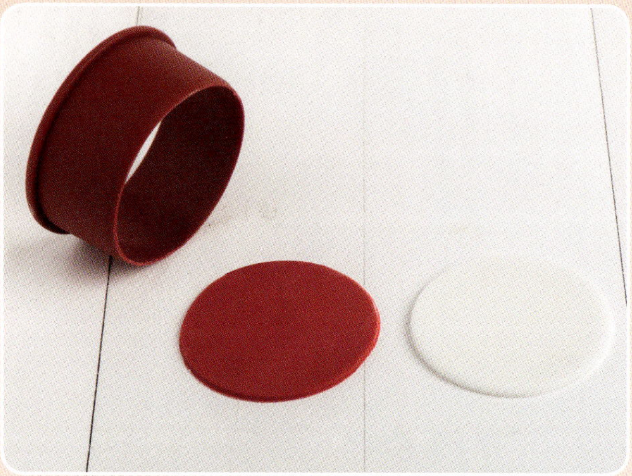

2 200 g Fondant ausrollen und Kreise mit Ø 8 cm ausstechen. Weitere 200 g Fondant rot färben, ausrollen und erneut Kreise mit Ø 8 cm ausstechen.

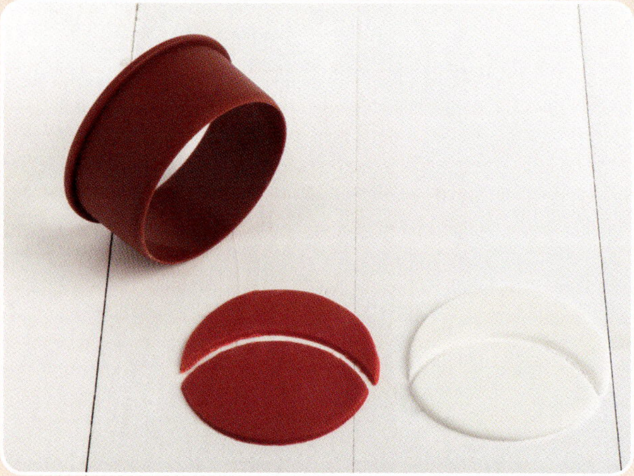

3 Die weißen und roten Kreise mit dem runden Ausstecher etwa 2–3 cm vom oberen Rand herab in 2 Teile trennen.

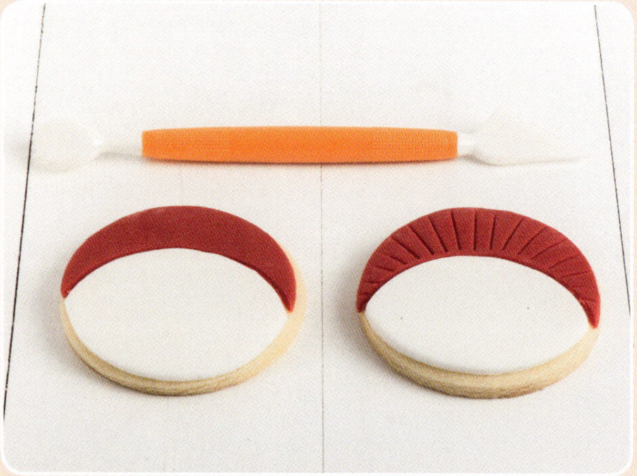

4 Den roten, halbmondförmigen Teil mit etwas Fondantkleber als Mütze am oberen Rand eines Cookies fixieren. Den weißen Fondant unterhalb als Ergänzung, sodass ein ganzer Kreis in weiß und rot entsteht. Streifen in die Mütze drücken.

5 Mit dem Dogbone Tool Vertiefungen für die Augen und einen Mund drücken. Aus etwas übrigem roten Fondant mit dem Schneeflocken-Ausstecher eine Schneeflocke ausstechen und mit Fondantkleber an der Mütze fixieren.

6 50 g Fondant schwarz färben und darauf kleine, unregelmäßig geformte Kugeln herstellen. Diese Kugeln in die Vertiefungen für Mund und Nase drücken. 50 g Fondant orange färben, in 12 gleich große Teile teilen, daraus zuerst Kugeln formen und diese dann länglich zulaufen lassen.

7 Kleine Kerben in die Nase ritzen und die Karotte dann am Schneemann fixieren.

Schneestern-Cookies

Benötigte Materialien

6 Cookies (Rezept siehe S. 8)
Ausstecher Schneestern (Ø 10 cm)
300 g Fondant
Ausstecher Schneestern klein
Zuckerperlen

Was wäre ein winterlich dekorierter Tisch ohne Kekse? Diese Cookies schmecken nicht nur lecker, sie sind auch das Highlight bei jedem gemütlichen Beisammensein. Sie machen sich aber auch richtig gut als kleines Mitbringsel oder Geschenk für Freunde und Familie.

1 6 Cookies nach dem Rezept auf S. 8 backen. Für die Grundform einen großen Schneesternausstecher verwenden.

2 250 g Fondant ausrollen und sechs Sterne mit dem Schneesternausstecher ausstechen. Die fertigen Sterne mit etwas Fondantkleber an die Cookies kleben.

3 Mit dem Slice Tool je eine Vertiefung in die einzelnen Arme der Sterne drücken.

4 Von den vorher gesetzten Vertiefungen 45° versetzt auf beiden Seiten Vertiefungen eindrücken. So entsteht ein Streifenmuster, wie auf dem Bild zu sehen ist.
50 g Fondant ausrollen und mit dem kleinen Schneesternausstecher sechs kleine Sterne herstellen.

5 Die Schneesterne mit etwas Fondantkleber auf die Cookies kleben und mittig eine silberne Zuckerperle hineindrücken.

Nikolaus-Cookies

Benötigte Materialien

12 Cookies (Rezept siehe S. 8)
Ausstecher rund (Ø 5 cm)
350 g Fondant
rote Lebensmittelfarbpaste
schwarze Lebensmittelfarbpaste
goldgelbe Lebensmittelfarbpaste
schwarzer Lebensmittelfarbstift

Lasst uns froh und munter sein und uns an diesen schönen Cookies erfreuen! Diese Nikolauskekse beweisen, dass Cookies nicht langweilig aussehen müssen … Der Nikolaus wird sie genauso lieben wie unsere Jüngsten!

1 12 Cookies nach dem Grundrezept auf S. 8 backen und mit dem runden Keksausstecher ca. 5 cm große, runde Cookies ausstechen.

2 250 g Fondant rot färben und ausrollen. Mit demselben runden Ausstecher, der auch für die Kekse verwendet wurde, einen Kreis pro Cookie ausstechen und diesen mit etwas Fondantkleber fixieren. Die Ränder mit den Händen glätten.

3 50 g Fondant schwarz färben, ausrollen und daraus etwa 5 mm breite Streifen schneiden. Die Streifen als Gürtel leicht unterhalb der Mitte mit etwas Fondantkleber fixieren. 20 g Fondant gelb färben, kleine Kugeln formen und als Gürtelschnalle in die Mitte des Gürtels drücken. Mit einem schwarzen Lebensmittelfarbstift eine schwarze Linie auf die Gürtelschnalle malen. Zuletzt aus etwa 30 g Fondant kleine weiße Kugeln formen und auf jeden Cookie drei kleine Knöpfe, wie auf dem Bild zu sehen ist, fixieren.

Tannenbaum-Cookies

Benötigte Materialien

12 Cookies (Rezept siehe S. 8)
Ausstecher Tannenbaum (8 cm hoch)
300 g Fondant
hellgrüne Lebensmittelfarbpaste
dunkelgrüne Lebensmittelfarbpaste

Vier Farben, eine einfache Form, und schon wird aus simplen Cookies ein echtes Highlight. Diese wunderschönen Tannenbaum-Cookies beweisen, dass die einfachste Dekoration oft richtig was hermachen kann. Frei nach dem Motto: Weniger ist mehr!

1 12 Cookies nach dem Grundrezept auf S. 8 backen und mit einem Tannenbaum-Keksausstecher ausstechen. Den Fondant in vier Teile teilen und jede Portion in einem unterschiedlichen Grünton färben. Dazu unterschiedliche Mengen Pastenfarbe sowie unterschiedliche Farbtöne verwenden.

2 Aus dem Fondant Kugeln formen und in einer Reihe auflegen, dann zusammen ausrollen. Dabei immer in eine Richtung rollen, niemals quer, da sonst aus Farbstreifen Farbflächen werden.

3 Mit dem Tannenbaum-Ausstecher Tannenbäume aus dem Fondant ausstechen. Dabei soll jede Farbe innerhalb der Form vorkommen.

4 Den Cookie mit etwas Fondantkleber einstreichen und den Fondanttannenbaum darauflegen.

5 Die Ränder des Fondants mit den Fingern glätten und leicht nachformen.

Der Autor

Marian Moschen, geboren 1983, Gründer von www.mannbackt.de, ist im echten Leben Kindergartenpädagoge und Familienvater. Seine Leidenschaft fürs Backen entdeckte er schon, als er noch in den Kinderschuhen steckte; der Weg hin zum Designer von aufwendig verzierten kreativen Motivtorten war jedoch eine Frage der Männlichkeit. Bei der Gestaltung seiner Hochzeitseinladungen nämlich gab seine Frau das Zepter nicht aus der Hand. Seines Mitspracherechts beraubt und entsprechend in seinem männlichen Stolz gekränkt, entschied er sich dafür, jeder Einladung ein kleines Hochzeitstörtchen beizulegen.
Damit war der Erstkontakt mit dem geheimnisvollen Material Fondant hergestellt und Marian hatte seine kreative Erfüllung gefunden. Schnell wurden aus kleinen Törtchen komplizierte und ausgefallene Motivtorten, unter anderem für Taufen und Hochzeiten. Die Erfahrungen, die Marian bei der Herstellung seiner Kunstwerke sammelte, wollte er auch mit anderen Backbegeisterten und Kreativen teilen, deshalb rief er 2012 seine Website ins Leben.

Es dauerte nicht lange und aus seinem Backblog wurde eine Erfolgsgeschichte. Der backende Mann schreibt mittlerweile eine Backkolumne für eine renommierte deutsche Zeitschrift und steuert regelmäßig neue, innovative Rezepte zu Online-Backbüchern bei. Außerdem gibt er sein umfangreiches Wissen auch bei Backkursen an Anfänger und Profis weiter – bei den ausgebuchten Events entstehen unter der Anleitung des begnadeten Bäckers wundervolle, beeindruckende Kreationen. Mit diesem Buch schlägt er nun ein neues Kapitel auf und eröffnet damit auch Ihnen die Möglichkeit, in die Kunst des Motivtortengestaltens einzutauchen und Ihre Fähigkeiten zu entdecken.

Mann backt

Schablonen für Lebkuchenhäuschentorte

Front

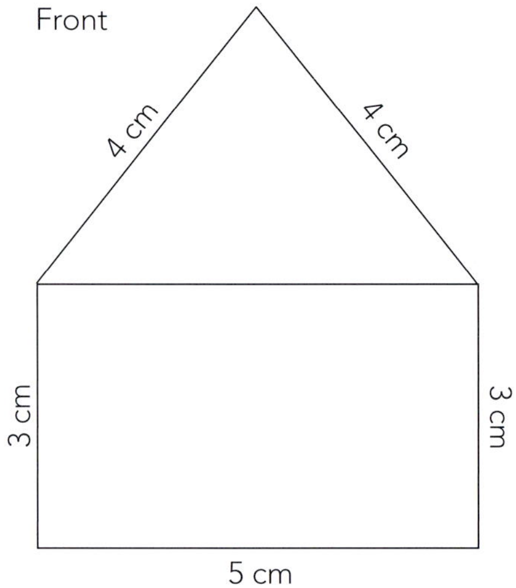

Seitenteil

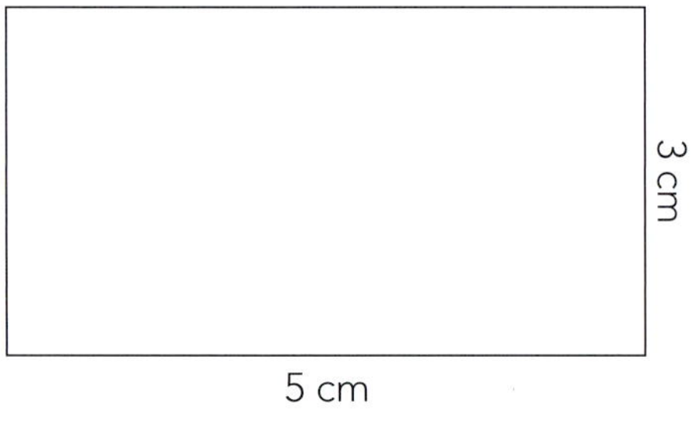

Dach

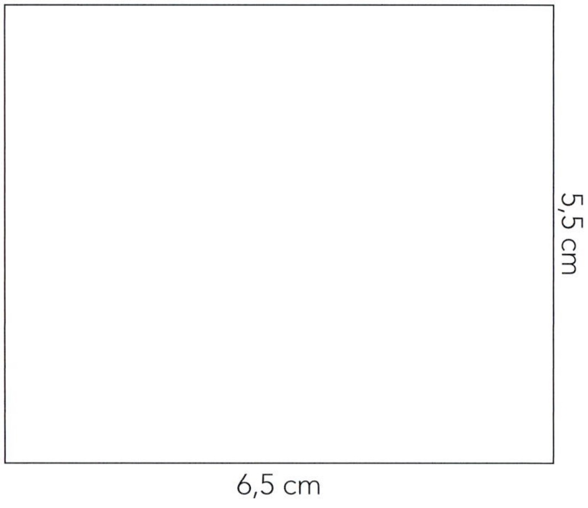

Hinweise zum Buch

Für die Zubereitung der Rezepte wird eine Grundausstattung von Werkzeugen und Hilfsmitteln vorausgesetzt, die in den Zutatenlisten nicht mehr extra erwähnt werden. Dazu zählen haushaltsübliche Dinge wie z. B. Backformen, Schüsseln, Palette, Spachtel, Messer, Zahnstocher, dekorative Tortenplatten, Pflanzenfett und Fondantkleber ebenso wie spezielle Modellierwerkzeuge. Um sicherzustellen, dass Sie alle benötigten Zutaten und Materialien im Haus haben, lesen Sie die Rezepte vor dem Einkaufen einmal aufmerksam und komplett durch. Das ist auch für Ihre Zeitplanung wichtig, denn die Herstellung von Motivtorten erfordert häufig längere Kühl- und Trockenzeiten.
Die Mengenangaben beim Modellieren mit Zuckermassen sind nur als grobe Anhaltspunkte zu verstehen. Gerade bei Figuren muss man ein wenig Gefühl für die richtigen Mengen und Relationen entwickeln. Grundsätzlich gilt: Lieber etwas mehr Fondant, Modelliermarzipan oder Blütenpaste einkaufen, als am Ende mit zu wenig Material dazustehen.

Abkürzungen

g = Gramm
kg = Kilogramm
mm = Millimeter
cm = Zentimeter
ml = Milliliter
Pckg. = Packung
Pck. = Päckchen
Ø: Durchmesser

Backofen

Alle angegebenen Temperaturen beziehen sich auf einen Elektroherd mit Ober- und Unterhitze. Falls Sie mit Umluft arbeiten, reduzieren Sie die Temperatur um 20 °C.

Register

Weitere Titel aus dieser Reihe

Umwerfende Motivtorten

Motivtorten für jeden Anlass: Hier findet jeder die passende Torte. Marian Moschen zeigt in detaillierten Fotos, wie die Meisterwerke garantiert gelingen.

Hardcover, 128 Seiten
Format: 20 x 23 cm
ISBN 978-3-945136-49-2

Mann backt

In Mann backt präsentiert Food-Blogger Marian Moschen seine beliebtesten Rezepte: von White-Sacher-Torte über Erdnuss-Cheesecakes bis Pistazien-Macarons.

Hardcover, 192 Seiten
Format: 21 x 26 cm
ISBN 978-3-945136-90-4

vorläufiges Cover

Brügelmannstr. 3, 50679 Köln
www.lingenverlag.de

Rezepte und Texte: Marian Moschen
Foodfotografie: Marian Moschen
Coverfotografie: Marian Moschen

Printed in EU

FSC
www.fsc.org
MIX
Papier aus verantwortungsvollen Quellen
FSC® C104350